Imom Buxoriy yurtida
bir necha kun

O'zbekiston bo'ylab safar taassurotlari

امام بخاری کے ملک میں چند روز

Professor Xoja Muhammad Ikromiddin

Tarjimon:

Muhayyo Abdurahmonova

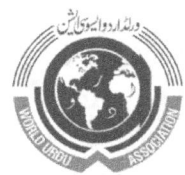

Imam Bukhari Ke Mulk Mein Chand Roz

(Travelogue Uzbekistan)

By

Prof. Khwaja Md. Ekramuddin
Jawaharlal Nehru University
New Delhi- India
khwajaekram@gmail.com
www.khwajaekram.com

Translated By

Dr. Mukhayyo Abdurakhmonova
Tashkent State University of Oriental Studies,
Uzbekistan
muhayabhurahman@yahoo.com

2020
Butunjahon Urdu Assosiasiyasi, Yangi Dehli
www.worldurduassociation.com

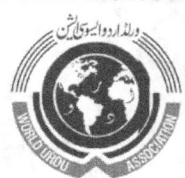

Yangi Dehli

O'zbekistonda urdu tili rivojiga salmoqli hissa qo'shib kelayotgan o'qituvchilar va talaba yigit-qizlarga bag'ishlayman

ازبکستان میں اردو کی شمع روشن کرنے والے اساتذہ

اور طلبہ و طالبات کے نام

Mundarija:

"Safarnoma"ni o'qib...

Afsonaviy Ipak yo'lining chorrahasida joylashgan, Markaziy Osiyoning eng ko'rkam mamlakatlaridan biri bo'lgan O'zbekistonga juda ko'p yillardan beri kelish istagida bo'lgan, Hindistonning eng nufuzli oliygohlaridan biri - Javoharla'l Nehru universiteti professori, yirik adabiyotshunos olim Xoja Muhammad Ikromiddin janoblari yaratganning fazlu karami ila yurtimizga tashrif buyurib, uning boy tarixi, salobatli masjidlari, minoralari yu sershovqin bozorlarini ko'rib, maftun bo lib qolgan edi. Qo'lingizda siz ushlab turgan "Safarnoma" olimning 2019 yilning aprel oyida shahrimizga qilgan safarining mahsulidir.

"Aeroportdan mehmonxona tomon yo'l olar ekanman, shahri azim Toshkentning juda ozoda va yam- yashil ekani diqqatimni jalb qildi. Keng yo'llar, baland daraxtlar, bog'lar, juda yaxshi saqlanib qolgan tarixiy binolarni ko'rib, havratga tushdim", deb yozadi mehmon.

Professor Xoja Muhammad Ikromiddin janoblari asli Toshkent Davlat Sharqshunoslik Universiteti taklifiga binoan hindiy-urdu tilini o'rganayotgan talabalarga ma'ruza o qish uchun yurtimizga gadam ranjida gilgan edi. Bu dargohda bor-yo'g'i ikki hafta mobaynida faoliyat ko'rsatgan bo'lsalar-da, axloqiy fazilarlari – insonparvar, o'z kasbiga fidoyi,kamtar, bosiq-vazminligi tufayli biz o'qituvchilarning ko'z o'ngida hurmati oldingidan oshdi. Talabalarni birinchi darsdayoq ko'nglini rom qilib oldi. Dars jarayoni uchun   juda muhim nazariy-amaliy ishlanmalari bilan o'rtoqlashdi.

Toshkent shahridan tashqari gadim islom dunyosining madaniyat va ilm-fan markazi, qadimiy Rimga tengdosh boʻlgan Samarqandu Buxorodek koʻhna shaharlar haqida soʻz yuritib, bu yerda haqiqiy sharqona ertakning guvohi boʻlganini yozadi. "Oʻzbekiston Buyuk Ipak yoʻli bilan bog 'liq qadimiy tarixga ega", deb yozadi muallif va yurtimizda qad rostlagan qadimiy me'morchilik hamda zamonaviy usulda bunyod etilgan binolarning tarixini sharhlaydi.

Mehmonimizda yana bir katta taassurot qoldirgan narsa shubhasiz, qadimiy obidalar boʻldi. U oʻz asarida bu muqaddas tuproqda 15-asrda ta'limga, fanga va madaniyatga katta ahamiyat berilganligi, madrasalar oʻz davrining eng muhim universitetlaridan boʻlganini aytadi.

"Samarqandda men aqlni shoshiruvchi me moriy goʻzallikni ko rdim. Minoralar, masjidlar, madrasalar va maqbaralar meni hayratga soldi. Asrlar davomida o'zining dastlabki ko'rinishini saqlab qolgan, qadimiy obidalari bilan tanilgan Buxoro va Samarqand shaharlarining latofatidan hayratlandim - deb yozadi muallif.

Mehmonimiz taassurotlarini yoritayotib, yashil bog'lar va keng ko'chalardan to moviy rangli madrasalaru sahrolargacha qadamim yetib, bu yerdagilarning iliq munosabati va mehmonga jonini berishga tayyor turganini har vaqt his qildim, deydi.

Ikromiddin janoblari Toshkent, undan keyin Samarqandu Buxoroda safar vaqtida o'zbek xalqiga xos tantilik, mehmondo'stlik, totuvlik, bag'rikenglik va samimiylikni ko'rib, bundan ham ta'sirlangani, ayni paytda hayratga tushganini yashirmay yozadi. Islom mamlakatlarini shuncha kezib, faqat bizning xalqqa xos qadriyatlar - yoshi kichiklarning kattani ko'rganda u kim bo'lishidan qat'iy nazar, salom berishi, uy-hovlini tartibga keltirib qoyish, mehmonlarga alohida hurmat-izzat ko'rsatish, keksa, qariyalar, kasal, ojiz, muhtoj kishilar holidan xabar olish kabi fazilatlarni ko'rgani, islom qariyb ming yildan beri o'zbek xalqi hayotining ajralmas qismiga aylangani, oradan asrlar o'tib ham, bu sarzaminda islomiy asosga ega urf-odatlar, dunyoqarash va madaniyat oddiy xalq hayotidan, xususan, diniy amallardan uzoq dunyoviy odamlar turmushidan ham mustahkam o'rin olganini ruhlanib yozadi va o'zbek xalqiga xos yaxshi odatlarni birma-bir sanab o'tadi.

"Ne'matlar haqida gapirish shukr qilishlikdir" deganlar. Professor Ikromiddin Alloh taolo o'zining fazlu karami ila unga bergan ne'matlariga shukrona keltirib, ayni paytda davlatimizning, xalqimizning baxtu saodati, farovonligi, osoyishtaligi va tinchligini so'rab, qayta- qayta duo qilganiga guvoh bo'lasiz. Aziz mehmonimiz so'raganidek, Alloh taolo yurtimizni tinch, hayotimizni yanada farovon bo'lishini nasib aylasin. Omiyn, yo Robba-l-olamiyn.

Muhayyo Abdurahmonova

So'zboshi

Asli O'zbekistonni ko'pdan beri ko'rish istagida edim, ittifoqo meni Toshkent Davlat Sharqshunoslik Universitetiga ma'ruza o'qish uchun taklif qilib qolishdi. Shu chiroyli tasodif tufayli 15 kun mobaynida O'zbekistonga safar qilishga muyassar bo'ldim. Safar paytida u yerdagi ilmiy-adabiy muhit bilan tanishib, urdu, hindiy va forsiy tillarini o'qitayotgan ustozlar va talabalar bilan uchrashdim. Shuningdek, Toshkent, Samarqand va Buxorodek ko'hna shaharlarni o'z ko'zim bilan ko'rishga muvaffaq bo'ldim. Boshqa safarlarda bo'lgani kabi ko'rgan-bilganlarimni qog'ozga tushirib, safarnoma shaklida ijtimoiy tarmoqning bir necha saytlarida, shuningdek, elektron kitob holida chop etdim. Endi esa aziz

do'stim   Sajjod   Axtarning   tavsiyasiga   binoan
taassurotlarimni   kitob   holiga   keltirib,
o'quvchilarga taqdim qilyapman.

Ushbu   safarnomadan   Toshkent   Davlat
Sharqshunoslik   Universitetida   sharq   tillarini
o'qitish jarayoni, bundan tashqari O'zbekistondagi
muqaddas qadamjolar   haqidagi   mushohadalarim
o'rin olgan.

Toshkentda safarda yurgan vaqtimda meni
o'z mehr-muhabbati va o'zbekona mehmondo'stlgi
bilan qalbimni bir umrga rom etgan jamiki ustoz
va aziz talabalarimning barchasiga   minnatdorlik
bildira turib, ularni yaratgan o'z hifzu himoyasida
asrasin, deyman (Amin) .

(Professor Xoja Muhammad Ikromiddin)
Yangi Dehli
2019 iyun

Imom Buxoriy yurtida bir necha kun

(2019 yil 24 apreldan 11 maygacha ….)

Hozirda O'zbekiston jahonga bir necha jihatdan dovruq taratgan. Modomiki diniy e'tiqod haqida so'z borsa, u avliyoyu anbiyolar, olimu fozillar yurti hisoblanadi. Shunday nisbat berilishining o'zi bu diyorning naqadar buyukligiga kifoyadir. Ayni shu yurt hazrat Imom Buxoriy yurti hisoblanadi va menimcha, bu ta'rif O'zbekiston uchun eng o'rinli ta'rif bo'lsa kerak. Shuning uchun ham O'zbekistonni ko'rish istagida edim. Yaratganga beadad shukrlar bo'lsinki, Alloh taboraka va taolo menga bu saodatni ilmiy safar chog'ida ato etdi.

O'zbekistonda bir shahar borki, u jahonning eng qadimiy va mashhur shaharlaridan biri bo'lib, bu - islom mamlakatlariga dovrug'i yoyilgan Buxorodir. U O'zbekistonning yirik shaharlari ichida beshinchi o'rinni egallaydi.Buxoro qadimiy tamaddunning yaqqol misolidir. Bu jihatdan Samarqand ham Buxorodan qolishmaydi, ammo Buxoroga turfa millatga mansub zotlar hukmronlik qilgan va u islom madaniyati markazi sifatida dunyo mamlakatlari ichida yetakchi o'rinni egallaydi. Yana bir sababini aytay, Buxoro Ipak yo'lida joylashgan yirik tijorat markazi bo'lgan, bu yerga asrlardan beri savdo-sotiq maqsadida juda ko'p yurtlardan odamlar qatnagan, ayni shu tojirlarning qatnovi tufayli mushtarak madaniyat yuzaga kela boshlagan. Hozirda ham Buxoroda shunday bozoru guzarlar borki, ular ko'p asrlik ko'hna madaniyatdan so'ylaydi, bu yerda eski hovlilar qanday bo'lsa, shu holicha saqlab qolingan, to'g'ri, ular hozir zamonaviy tarzdagi bozorlarga aylangan va milliy hunarmandchilik va xalq badiiy va amaliy san'atining ko'zgusi hisoblanadi.

Markaziy Osiyoda Buxoro geografik joylashuviga ko'ra ham katta ahamiyat kasb etadi. Bu yerda Islom ilohiyotining barcha yo'nalishlari bo'yicha muhim tadqiqotlar qilindi. Bugungi kunda ham misli ko'rilmagan masjidlar qad ko'targan va ko'plab islom dini olimlarining maqbaralari joylashgan bo'lib, dunyoning son-sanoqsiz burchaklaridan sayyohlar shaharni ziyorat qilgani keladi. Ba'zi sayyohlar Samarqand va Buxoroni "Mozorlar shahri" deb ataydi, bu bir jihatdan to'g'ri, sababi – bu muqaddas zaminda dovrug'i dunyoga ketgan buyuk zotlarning qabrlari bor, shu bois bu maskanni ma'naviyat beshigi deydilar.

Islom tarixida milodiy 850 yilda Buxoro birinchi bor somoniylar davlatining poytaxti qilib belgilandi. Somoniylar davlati ravnaq topgani sayin Buxoro Sharqda islom dinining eng nufuzli markazlaridan biriga aylandi. Shunday davrlar bo'lganki, bu shahar eroniy tamaddun o'chog'i bo'lgan. Aytishlaricha, Buxoro shahri Iso alayhissalom dunyoga kelishlaridan 300 yil avval bunyodga kelgan ekan. Mazkur shahar milodiy hisob bilan V va VII asrlarda undagi me'morchilik obidalari bilan boshqa yurtlardan ajralib turgan. Hazrat imom Buxoriyning asarlari tufayli Buxoroning shuhrati islom olamida yana ham ko'proq tarqaldi. Bu yurt o'zgacha ehtirom va e'tiqod ila tilga olinadi –imom Buxoriyning "Sahih-ul Buxoriy" asari Qur'ondan keyingi eng muhim manba sifatida e'zozlanadi. Ul zot Muhammad(sallallohu alayhi vasallam)ning hadislarini ming mashaqqat chekib to'plaganlar. Bu asar butun dunyoda «Eng ishonchli hadislar» nomiga sazovor bo'lgan kitobdir. Shu bois Buxoro olamshumul shuhratga ega shahar hisoblanadi. Buxoro shuningdek, Imom Termiziy(rahmatullohi alayh) muborak ismlari tufayli ham shuhrat qozongan. Imom Termiziy(rahmatullohi alayh) Balxdan biroz narida, <u>Amudaryo sohilida</u> **joylashgan** Termiz shahrida tavallud topganlar. Imom Termiziy buyuk muhaddis sifatida islom olamida chuqur hurmatga sazovordir. Sababi mashhur muhaddislardan Imom Buxoriy va Imom Abu Dovud kabi buyuklar ul zotning hadis ilmi bobidagi ustozlari bo'lgan. Hadislarni to'plash uchun Xuroson, Iroq va Hijozga safar qilganlar.Termiziy qalamiga mansub asarlar ichida "Jome' at-Termiziy" ishonchli hadislar to'plami hisoblanadi.Shuning uchun ham unga son-sanoqsiz sharhlar bitilgan.Butun islom olamida, xususan, mintaqaning jamiki madrasalarida "Sahih-ul Buxoriy" va "Jome' at-Termiziy" o'rganiladi. Shu ikki asar sharofati ila shaharga hadis ilmi markazi degan sifat ham beriladi.

Hozirda imom Termiziy nomi bilan bog'liq bu shaharni ziyorat qilishga son-sanoqsiz sayyohlar keladi. Aslida hadislar to'plash borasidagi qilingan xizmatlar hech qaysi ta'rifga sig'maydi.Bundan tashqari bu sarzaminda qator buyuk siymolar yetishib chiqqanki, ularning muborak nomlari mislsiz shuhrat qozongan, jumladan, imom abu Hanifa (rahmatillohi alayh) ham shu muborak zamindan yetishib chiqqanlar."Hidoya"ning muallifi ham shu yurt farzandidir.

Abu Rayhon Beruniy Muhammad ibn Ahmaddek buyuk alloma ham shu yurt farzandi. Asli xorazmlik bo'lgan Al Beruniy falakiyot, tibbiyot, ilmi nujum va yana bir qator fanlarni mukammal egallagan. Bu yurtdan yetishib chiqqan ulamoyu fuzalolar nomini sanab, adog'iga yetish qiyin.

Buxoro "Yetti pir" shahri deb ham ataladi (bu haqda keyingi bobda to'xtalamiz) . Butun dunyoga diniy va dunyoviy ilmlar sohibi sifatida tanilgan Mirzo Ulug'bek ham shu yurt o'glidir.

O'rta   asr Sharqining fan,   madaniyat va ma'rifatiga o'z   hissasini   qo'shgan,   yirik madaniyat   va ilm-fan markazi   sifatida   nom qozongan bu.tabarruk zaminga sayohat qilib, unga Allohning nazari tushganiga amin bo'ldim.

Toshkentda o'tgan kunlarim

(Ta'lim tizimi va ilmiy muhitga bir nazar)

Toshkent Davlat Sharqshunoslik Universiteti taklifi tufayli Toshkentni ko'rish baxti nasib etdi. Mazkur ilm dargohiga professor sifatida ma'ruza o'qish uchun taklif qilinganimdan faxr hissini tuydim. Universitet mening nomzodimni tavsiya etgani, kafedra mudiri prof. Ulfat Muhibova mening   tashrifim   bilan   bog'liq   jamiki rasmiyatchilikni bekamu ko'st ado etgani va hurmatli rector (asli vise-kansler deb yuritiladi, bu yerda   rector   deb   ataydilar)   bu   taklifni ma'qullaganidan minnatdorman.   Bu dargohda bakalavrdan   tortib,   magistratura   va   PhD darajasigacha ta'lim ta'sis qilingan.

Toshkentga borishdan oldin shu kafedraning ko'pgina o'qituvchilari bilan Dehlida ko'rishgan edim. Tanimagan, hali men ko'rmagan o'qituvchilar haqida Dehlida tahsil olayotgan talabalardan eshitganim bor. Javoharla'l Neru Universiteti talabasi qadrdonim Muzaffarzoda safar bilan bog'liq masalalarda muntazam muloqotda bo'ldi. Safar tayyorgarligi, ayniqsa, viza muammolarini hal qilishda yordamini ayamadi. U Toshkentda qiynalmay, muammosiz yashashimni o'ylab qayg'urardi. O'zi-ku Toshkentda emas, ammo kunda-kunora holimdan xabar olar, do'stu birodarlari meni mehmon qilish bilan band edilar. Shuningdek, avval Javoharla'l Neru Universitetida o'qib, hozirda Jamia Milliya Islamiya Universitetida tahsil olayotgan Kamola Sotiboldiyeva ham bu xushxabarni eshitib, rosa suyundi, ammo Toshkentda bo'lmasligini o'ylab, afsuslandi. Alloh mana shu talabalarni ikki dunyo saodatiga musharraf qilsin.

Hindiston Madaniyat Markazi sobiq direktori prof. Qamar Rayis orqali Toshkent haqida ancha ma'lumotga ega edim. Qolaversa, hozirda mazkur Markazning direktori prof. Chandr

Shekharning ilmiy-adabiy say'-harakatlari tufayli Toshkentda urdu-hindiy tillari qanday o'qitilayotganidan boxabar edim. Shundanmi, Toshkentga safarga otlanayotib, hali biron marta ko'rmagan yurtga ketayotgandagi kabi begonalik hissini tuymadim.

24 aprel kuni tunda samolyot Toshkent aeropotiga qo'nganida sana yana bir kunga o'zgargan edi. Tashqarida prof. Ulfat va dr. Muhayyo ikkisi meni kutyapti. Men esa ayollarni tashvishga qo'yganimdan xijolatdaman. Tashqariga chiqishim bilan muzdek havo bag'riga sho'ng'idim. Toshkent tuprog'ining xushbo'y isi dimog'imga urildi. Sal oldin yomg'ir sevalab o'tgan, havo ancha yoqimli edi. Biroz sovug'i ham bor, ammo ayollar meni shunday iliqlik bilan kutib oldiki, sovuq havo ortga chekindi.

Universitet mehmonxonasiga yetib bordik, u yerda oldindan hamma sharoit muhayyo qilib qo'yilganidan biron kamchilik sezmadim.Tungi soat ikki. Ular ketishi bilan o'ringa cho'zildim. Dehlidagi jaziramadan bu yerga kelib, ko'rpaga o'ranib yotishning zavqi… Shundanmi, rosa shirin uyqu keldi.

Men "agar bu o'qituvchilar istasa, biron-bir talabasini meni kutib olishga jo'natsa ham bo'lardi-ku" deb hayron edim. Ammo ularning aeroportga kelganini ko'rib, o'zbeklar qanchalar mehmondo'st ekanini payqadim.

Ertasi kuni o'zbekona nonushtadan so'ng ba'zi ishlarni bitirib, universitetga yo'l oldim. Kafedra o'qituvchilari men bilan samimiy ko'rishdilar. Bu kun darsim yo'qligi tufayli o'quv jarayoni bilan tanishdim va dars jadvalini muhokama qilib oldik. Taxminan ikki soatcha o'qituvchilar xonasida kafedra mudiri bilan suhbatda bo'ldim. Bu mudirning ham xonasi ekan. Prof. Ulfat sohiba qachon qaramay, kafedra ishlari bilan bandlar. Ammo fursat topildi deguncha, mening hol-ahvolim, ishlarimni surishtiradi va har gal "Hech g'am yemang, bu yerda biron narsadan qiynalmaysiz" deb tasalli beradi. Uning gap-so'zi va muomalasidan kafedrada muhit yaxshi ekani sezilib turibdi.

Birozdan so'ng dr. Maktuba Murtazoxo'jaeva bilan ko'rishdim. Nazarimda men u bilan avvaldan tanishdekman.U nima yordam   kerak, deb surishtirdi, va keyinchalik buning amalda isbotini ham ko'rdim.

Xonaga talabalar birin-ketin kirib kela boshladi.Ular mening kelishimni oldindan bilar ekan.Hammalari birma-bir mening o'sha kutilgan mehmon professor ekanligimni payqab, juda odob bilan salom berdilar. Talabalarga samimiy va yaqin olib muomala qilayotgan o'qituvchilarni ko'rib o'yladim - qaysi ta'lim dargohida ustozlar o'z talabalariga shu tariqa munosabat ko'rsatsa, bu so'zsiz, ta'lim jarayoniga ijobiy ta'sir ko'rsatishi aniq.

Bugun mening birinchi darsim – dr. Muhayyo men bilan auditoriyaga kirdi. Meni talabalarga o'zbek tilida tanishtirdi. To'g'ri, biron narsani tushunmadim, ammo talaba yigit-qizlarning yuz-ko'zidan xursand ekanini sezdim.

Universitetda dars sakson minut davom etar ekan. Bugun ikki ma'ruzam bor. Men talabalardan nimani ko'proq o'rganishni istaysiz, deb qiziqdim, ular   urdu grammatikasiga doir mavzularni o'tishimni   so'radilar. O'zim ham oliy o'quv yurtida ishlab chiqilgan o'quv rejasiga mos prezentatsiya va slayd ko'rinishida ma'ruzalarni oldindan tayyorlab kelgan edim.

Dars boshlandi.Talabalardagi ishtiyoqni ko'rib, rosti, ham quvondim, ayni paytda hayratga tushdim. Axir bular bakalavrning atigi birinchi kurs talabalari?!

Auditoriyada hindiy o'rganayotgan talabalar ham bor. Ularning qoidalarni tushunayotganini ko'rib, kafedra o'qituvchilari bu borada ancha mehnati singganining guvohi bo'ldim, aks holda 5-6 oy mobaynida xorijiy tilni bunchalik egallash amri mahol. Bu yerda o'quv rejasining bir ijobiy jihatini aytay – urduni o'rganayotganlarga hindiy, va aksincha, hindiyni o'rganayotgan talabalarga urdu tili qo'shimcha til sifatida o'qitilar ekan.

Sakson minut qanday o'tib ketganini sezmay qoldim. Qisqa tanaffusdan so'ng yana shu guruhda dars boshlandi. Bu orada talabalar bilan tanishib oldim.O'rtadagi tortinib turishlar barham topdi.

Har kuni soat o'n birda yarim soatlik tanaffus bo'ladi. Shu lahzalarni hech qachon unutmayman – bu paytda barcha o'qituvchilar uyidan olib kelgan taomini dasturxonga tuzab, chaqchaqlashib birga ovqatlanishadi. Har birlari menga jonini koyitib, biron o'zbek taomini ilinadi. Xumoraxon choy damlab, hammaga uzatadi.Men bunday o'zaro samimiy munosabatdan juda xursand bo'ldim.

Maqtovga sazovor ba'zi narsalarni aytsam – darslar har kuni soat 8.30 da boshlanadi. O'qituvchi va talabalar hammasi barvaqt auditoriyada hozir bo'ladilar. Universitet darvozasi oldida albatta biron o'qituvchi darsga kelayotgan talabalarning kiyim-boshini nazorat qilib turadi. Davomat tekshiriladi, talabalar soni aniqlanadi.Bularni ko'rib, bu dargohda intizom kuchli ekaniga amin bo'ldim.

Bir talaba aytib qoldi – ish kunida shaharda yoki undan tashqarida yurish mumkin emas, o'qishga bormay, nimalar qilib yuribsan, deb surishtiriladi. Shundan mamlakatda ta'lim sifati yuqori ekanini bildim.

Men dars berayotgan uchta guruh talabalari orasida qizlar soni yigitlarga nisbatan ko'proq, boz ustiga, qizlar ularga nisbatan tirishqoq tuyuldi.

Jamiki ilmiy safarlarim orasida Toshkent safaridan qoniqish hosil qildim – dovrugʻi olamni tutgan azim shaharda urduning ravnaq topishiga xizmat qilayotganlar bor. Bular bilan uchrashganim men uchun yaratganning neʼmati. Universitet urdu-hindiy soʻzlashiladigan mamlakatlar idoralari bilan aloqalarni yaxshi yoʻlga qoʻygan. Har yili talabalar Hindistonning nufuzli oliy oʻquv yurtlarida tahsil oladilar.Kafedra qoshida Mahatma Gandiy nomidagi Markaz faoliyat yuritadi. Laʼl Bahodir Shastri nomidagi Hindiston Madaniyat Markazi har turli yordam koʻrsatadi. Pokiston hukumati yordami bilan undan sal chogʻroqqina "Pokiston burchagi" tashkil qilingan. Fikrimcha, bu munosabatlarni yanada jonlantirish kerak, toki oʻqituvchi va talabalar koʻproq til sohiblari bilan muloqotda boʻlib, mamlakat madaniyatini chuqurroq tushunsin. Oʻzbekiston Markaziy Osiyoning koʻzga koʻringan davlati boʻlib, uning Hindistondek buyuk mamlakat bilan bundan keyin taʼlim sohasidagi kelishuvlarini amalga oshirish kerak. Sababi til va iqtisodiyot sohasini yanada kuchaytirish vaqti yetdi.

Toshkent – Markaziy Osiyodagi eng yirik urdu-hindiy markazi

Asli shahar bir necha jihatdan dong taratgan, ammo urdu-hindiy tillari o'qitiladigan yirik markaz sifatida alohida shuhratga ega. Sababi – 1947 yildan beri Toshkent Davlat Sharqshunoslik universitetida bu ikki til o'qitib kelinyapti.

Toshkent shahrida bir necha zamonaviy va an'anaviy ta'lim muassasalari bor, ammo Toshkent Davlat Sharqshunoslik Universitetining o'rni bo'lakcha – bu dargohda dunyoning eng asosiy sharq tillari o'rganiladi. Qaysi xorijiy mamlakatda boshqa mamlakat tili o'rganilsa, so'zsiz, shu mamlakat madaniyati va turish-turmushi haqida ma'lumot hosil qilinadi.

Urdu Hindistonning qadimiy tillaridan bo'lib, bir vaqtlar rasmiy tili ham bo'lgan, unda mintaqa miqyosida olinsa, 300 milliondan ortiq kishi so'zlashadi.Hindiston va ayniqsa, urdu tiliga Markaziy Osiyoda yashovchi millatlar, xususan, o'zbek xalqining madaniyati va urf-odatlarining ta'sirini bir necha jihatdan kuzatish mumkin. Urdu tilida Markaziy Osiyo xalqlari so'zlashadigan tillar va lahjalarning juda koʻp soʻzlari mavjud. Oʻzbekiston va Hindistonning oʻzaro doʻstona aloqalariga kelsak, shukronalar boʻlsinki, juda qadimdan Buyuk Ipak yoʻli sharofati bilan iqtisodiy aloqalar rivojlana borgan. Ammo eng muhimi, diniy-ma'rifiy, ilmiy rishtalar bunyodga kelgan . Bugunda ham Hindistonning koʻplab urf-odat va rasm-rusumlarida Markaziy Osiyo xalqlari turmush tarziga xos jihatlar bor. Bu mushtaraklik nafaqat Bobur Hindistonni zabt etib, oʻz davlatini oʻrnatganligi tufayli mavjud, balki asl haqiqat shuki, Bobur bu yurtga begona koʻz bilan qaramadi, uni oʻz yurtidek koʻrdi, oʻzini hind deb bilishdan orlanmadi. Shu bois bu davrda ijtimoiy jihatdan nimaiki siljishlar yuz bergan boʻlsa, ular sirasiga mushtarak qadriyatlar ham kiradi. Hozirgi kunda ham ikki yurt oʻrtasida oʻzaro aloqalarning ijobiy natijasini koʻrish mumkin. Biz buni "Hindiston va Markaziy Osiyo qadriyati" deb atasak boʻladi. Buning samarasi oʻlaroq Hindistonda katta sur'atlar bilan roʻy bergan oʻzgarishlar orasida eng muhim jarayon – bu urduning shakllanib yuzaga kelishi boʻldi. Ana shuning uchun urdu va hindiy tillarida bu millatlarga xos oʻxshash qadriyatlarning in'ikosi bo'lgan   maqol-matallar,   hikmatli   so'zlar   juda   ko'p.

Mazkur   universitet   urdu-hindiy   tillarini   o'qitish uchun   eng birinchi tashkil etilgan ta'lim dargohi   hisoblanadi.   Dastlab   uning   nomi "Turkiston sharq tillari instituti" bo'lgan.Bu yerda urdu-hindiydan tashqari boshqa sharq tillari ham o'qitila boshlagan.1991 yilda uning nomi o'zgarib, Toshkent Davlat Sharqshunoslik Instituti deb atala boshlagan. 2020 yil esa universitet maqomiga erishdi, eshitib juda xursand bo'ldim. Uning bosh maqsadi - Markaziy Osiyo mamlakatlari qaysi yurtlar bilan madaniy-ma'rifiy, lisoniy, iqtisodiy jihatdan   yaqin   bo'lsa,   shu   mamlakatlarning madaniyatini, tamaddunini ularning tili orqali o'rganish va o'rgatishdir.Chunonchi   bu ta'lim dargohi   katta   mehnat   evaziga   Markaziy   Osiyo davlatlari   orasida   o'z   maqomiga   ega.   U   tez sur'atlar bilan Osiyo va Ovrupoda alohida o'rin egalladi. Ammo bundan keyin ham taraqqiy qilishi uchun   dunyoning   boshqa   ta'lim   dargohlaridan ba'zi   narsalarni   o'rganishi   kerak.   Umuman olganda   urdu-hindiyni   o'qitish   masalasida   bu dargoh biz uchun katta ahamiyatga ega.

Bir qator taniqli kishilar nomi shu idora bilan bogʻliq. Hozirda professor Ulfat Muhibova kafedraga rahbarlik qilyapti. Ularning koʻplab hamkasblari orasida   hurmatli dr. Tamara Xoʻjayeva, dr. Sirojiddin Nurmatov, dr. Lola Murtazoxoʻjayeva, Mavjuda Sodiqova, Maʼmura Suaymonova, Kamola Ergasheva va dr. Muhayyo Abdurahmonova borlar – bularning bari sidqidildan mehnat qilishyapti. Ularning orasida oʻz yurtidan tashqari xorijda maqolalari chop qilinganlari bor. Bular nafaqat Hindistonda, balki koʻplab xorij mamlakatarida tashkil qilingan ilmiy anjumanlarda ham ishtirok etgan. Baʼzilar PhD dan tashqari doktorlik ishini ham bajargan.

Oʻzbekistondagi taʼlim tizimini koʻrib, hayratga tushdim , ham suyundim. Bu yerda oʻqituvchilar ishdan boʻshatilmaydi. Pensiya yoshiga yetgach, agar ishlashni istasa, ishlayveradi. Hozirda Tamara Xoʻjayeva saksonni qoralagan, kelishgan ayol, hozir ham jiddiylik bilan dars beradilar, shu yoshga yetib ham bardam-tetik ekanliklarini koʻrib, kishining havasi keladi. Xuddi shunday muhtarama Mavjuda Sodiqova ham pensiya yoshida boʻlsa-da, muntazam ishga keladilar va dars o'tadilar. Yana bir maqtasa arzigulik jihati - barcha o'qituvchilar o'zaro samimiy va do'stona munosabatda , bironta ustozning chehrasi bujmayganini ko'rmadim, barchalari bahamjihatlikda ishlaydilar. Hammalari bir bo'lib universitet ravnaqi uchun xizmat qilyaptilar.

Talabalar soni ham anchagina.Ustozlar talabalarga mehr-muruvvat ko'zi bilan qaraydi. Talabalarga o'z farzandlaridek va do'stlardek munosabatni ko'rib, juda quvondim. Bu oliy dargoh kechayu kunduz taraqqiy qilsin , O'zbekiston va Hindiston do'stona munosabatlari bundan keyin ham gullab-yashnasin.

Deydilarki, biron begona yurtga borsangu, shu elning tilini bilmasang, ko'r va gung bo'lasan qolasan. Boisi – til begona, yo'l notanish. Shunday paytda agar biron odam menga hamroh bo'lmaganda ,Toshkentdek jannatmakon shahar ham o'zga yurtdan kelgan musofirni hangu-mang qoldirsa ham, ammo uning jamolini his qilish amri mahol bo'lardi. Xudo dr.Muhayyo, prof. Ulfat va dr.Lola sohibani ko'nglidan yorlaqasin, ular bir-ikki shogirdini menga hamroh qilib, mushkilimni oson qildilar. Bular orasida Shohjahon Sa'dullayev, Samandar Salomovlarning nomini alohida tilga olaman. Samandar ismli yana bir janob bilan uchrashdim, ular men yashagan mehmonxonaning kattasi ekan. Safarnomani o'qib turib hayratga tushsangiz kerak, ammo bu suv havzasi bo'lgan dengiz emas, balki samandar - olov ichida yshaydigan, ammo yonmaydigan qush nomini bildiradi.Shul sabab ko'pchilik urduda manavi baytni tushunishi qiyin:

Yor hinoli qo'llarila tutsa nomani,

samandar qanoti kuyib kul bo'lar.

Nima qilganda ham bu ikki talaba men uchun shu safar chog'ida ko'z va quloq bo'ldilar. Birinchi kuni menmonxonaga qaytib borgandan ko'ra Toshkentning tarixiy joylarini borib ko'rishni afzal bildim. Biz "Xastimom" ni ziyorat qilgani otlandik (uni yana "Hast imom" ham deydilar, hoynahoy, hazrati imom so'zi xasti imom bo'lib o'zgarib ketgan bo'lsa, ajabmas). Havo shunday yoqimli, osmonni bulut qoplagan, etni junjiktiradigan muzdek shabada esyapti.Shunaqa ajabtovur havoda Toshkent ko'chalari bag'riga chorlaydi. Chorsu metrosidan chiqishimiz bilan sharros yomg'ir bizni quchog'iga oldi. Bozor ichida bo'lganimizni g'animat bilib, bitta soyabon sotib oldik - 70 ming so'm. Biroz og'rindim – 70 ming so'mga bitta soyabon kelsaya? (70 ming so'm taxminan 550 rupiy bo'ladi). Gap shundaki, bizda 100-200 rupiyga ko'p narsa keladi, ammo bu yerning puli , ya'ni so'mning qiymati juda oz, ayirboshlaganda juda oz pul bo'ladi, shu bois nima olsangiz ham 10-20 mingdan boshlanadi.Shundanmi, mendakalarga oddiy narsa uchun 10-20 ming to'lashi kerak bo'lsa, g'alati tuyularkan. Xullas, 15 kun yashab ham bu yerdagi pul muomalasini aqlimga sig'dira olmadim.

Hay mayli, shivalab quyayotgan yomg'ir va muzdek esayotgan shabada havoni yana ham yoqimli qilib yuborgan edi. Shohjahon bilan issiqqina kabob yeb, qaynoq choy ichdik.Yomg'ir to'xtagach, "Xastimom" tomon oshiqdik.Birpasda bu majmua qarshisiga yetib keldik.Shomning g'ira-shira yorug'ida bu keng, mahobatli inshoot juda chiroyli ko'runayotgan edi.Ko'chaning yuzida joylashgan majmuaning ro'parasida bir masjid qad ko'targan bo'lib, uni ko'rganning qalbi zavqqa to'ladi. Vuzu' qilgach, masjid ichiga kirdik, temuriylar davri me'morchiligi namunasi bo'lgan obidaning gumbaziyu mehrobidagi naqshlar,ulkan ustunlar, darvozalardagi yog'och o'ymakorligi san'ati sayyohlarni lol qoldirayotgan edi. Uning o'rtasida gumbazi bor yana bitta masjidga o'xshash imorat bor ekan, uni Qur'on saqlanadigan muzey desa bo'ladi.

Bu muzeyda uchinchi xalifa hazrat Usmon raziyallohu anhu muborak qo'llari bilan ko'chirilgan Mus'hafi Usmon saqlanadi, u 338 betlik kiyik terisiga o'xshash qalin va mayin varaqlardan iborat. Hazrat Usmon raziyallohu anhu ayni shu Qur'oni Karimni tilovat qilaturib, shahid bo'lganlar, bu Mus'haf sahifalariga ul zotning muborak qonlari tekkan va bu haqda komil ishonch bilan aytiladi. Hazrat Usmon raziyallohu anhuning ko'rsatmalari bilan Qur'oni Karimni asrash va unga biron-bir o'zgartishlar kirmasligi uchun 6 nusxa tayyorlangan, shundan 5 nusxasi qayerga ekani ma'lum emas. Faqat Toshkentda saqlanayotgani bugungacha topilgan nusxa ekani aniq. Bu Amir Temur tomonidan Iroqdan keltirilgan Mus'hafi Usmoniydir.Muzeyda uning haqiqiyligini tasdiqlaydigan sertifikat ham mavjud.

Unda bitilgan matn urduda quyidagicha bo'ladi: bu Mus'haf hazrat Usmon raziyallohu anhu tomonidan yettinchi asr (644-646 yy.) orasida ko'chirilgan. Ul zot o'z davrigacha jangda ko'plab hofizi Qur'onlarning shahid ketishidan tashvishga tushganlar - Qur'oni Karim qanday saqlab qolinadi? Binobarin ular shu maqsadni ko'zlab, 6 nusxa ko'chirishga hukm qiladilar. Shulardan bittasi Amir Temur tufayli Iroq shahri Basradan keltirilgan Mus'hafdir. Avvalboshi u Samarqanddagi Nodir devonbegi madrasasining maxsus hujrasida katta e'tibor bilan saqlangan , 1869 yilda sho'rolar bosqinidan keyin Sankt-Peterburg shahridagi nodir qo'lyozmalar muzeyiga olib ketiladi, u yerda undan 50 ta nusxa olinadi . 1917 yilgi Oktyabr inqilobidan keyin bu Mus'haf tatarlarga topshiriladi. 1926 yilda musulmonlar talabi bilan yana Toshkentga qaytariladi. 1989 yili O'zbekistonning birinchi Prezidenti Islom Karimov va hukumat a'zorininng mashvarati bilan mazkur Mus'haf O'zbekiston Musulmonlar Diniy Qo'mitasiga havola qilindi va UNESKO tomonidan uning haqiqiyligi tan olindi.

Toshkentning yomg'irida cho'milayotgan masjidning ko'inishi kishiga ruh bag'ishlaydi, masjiddan chiqqach, o'rtada joylashgan Qur'on muzeyi tomon qadam bosdik. Bu yerda dunyoninng turli burchaklaridan keltirilgan nodir va noyob Qur'oni Karim nusxalalari joy olgan. Qur'oni Karim dunyoning necha tiliga tarjima qilingan bo'lsa, chamamda, hammasi shu yerda. Undan tashqari Qur'on va hadisning muhim qo'lyozmalari ham bor. Biz anchagacha aylandik, tashqariga chiqay deganimizda sharros yomg'ir quya boshladi. Shu yerda tura qolaylik dedik. Yomg'ir tufayli odam kam edi, ziyoratga qulay imkoniyat edi bu.

Shu majmuaning eng oxirgi qismida masjidga o'xshash bino qad ko'targan , u hozir san'at galereyasiga aylangan. Bu galereyada Toshkent va xususan, O'zbekistonning milliy hunarmandchilik buyumlari sotuvga qo'yilgan ekan, bular orasida yog'ochdan qilingan lavh ba boshqa buyumlardan tashqari milliy tarzdagi ayollar taqinchoqlari sayyohlarni o'ziga jalb qiladi. Yomg'ir esa bir susayib, yana kuchayib yog'ardi, shom tushgachgina biz ham bu yerdan chiqdik.

Shohjahon meni mehmonxonagacha kuzatib qo'ydi, o'zi esa yotoqxonasiga ketdi.

Juma kuni universitetda o'qituvchilar bilan suhbat qurib, Toshkent, O'zbekiston va Hindiston o'rtasidagi aloqalar, urdu-hindiy tillari rivoji borasida gaplashdik. Endi shaharning qaysi qismini aylansam ekan, deb turgan edim, prof.Chandr Shekhar sohib qo'ng'iroq qilib qoldilar, kelganim bilan qutlab, meni tushlikka taklif qildilar, ammo men o'qituvchilar bilan ovqatlanib bo'lgan edim, shunday bo'lsa-da, Shohjahon bilan birga La'l Bahodir Shastri nomli Madaniyat Markaziga yetib bordik. Prof.Chandr Shekhar shu Markaz durektori hisoblanadilar.

Shekhar sohib bizni qizg'in kutib oldilar,anchagacha Toshkent shahri, urdu-hindiy, fors tillarining o'qitilishidan tashqari yana bu yerdagi ilmiy-adaby muhit, taniqli mutaxassislar haqida gaplashik. Ertasiga tongda ular Dehliga ketishi uchun tayyorgarlik ko'rishi kerak edi, binobarin biz uzr so'rab, Shohjahon ikkimiz Temur xiyoboni va muzeyini ko'rgani ketdik.

Temur xiyoboni O'zbekiston mehmonxonasi ro'parasida joylashgan bo'lib, bu yerdagi eng "keksa" mehmonxona hisoblanadi. Mehmonxona katta shoh ko'chada joylashgan bo'lib, qarshida keng ,yam -yashil park maydoni bor,uni Temur xiyoboni deydilar. Juda ozoda, salqin. Shuni aytish kerakki, bu yerda har bir joyda tartib bor, kishiga estetik zavq beradi, xoh bu ko'cha chekkasiga o'rnatilgan   elektr ustuni bo'lsin, xoh yo'l chetidagi belgilar bo'lsin, mayda-chuyda narsada ham nafosat va did bilan ish tutilganini ko'rasiz. Bu xiyobon ham so'zimning isboti. Ko'chaning ikki yuzida yam-yashil chinorlar ko'kka bo'y cho'zgan, bodom va boshqa daraxtlar bilan bir qatorda kashtan daraxti soyasi shahar husniga husn qo'shadi.

Kashtan daraxti bu yerda har qadamda o'sadi. Butalari juda quyuq o'sadigan,   sersoya daraxt. Ammo bir ajoyib tomoni shuki, o'zi oppoq gullaydiku,   mevasi   esa   qizg'ish jigarrang.Taxminan jamun daraxti mevasiga o'xshaydi, ammo toshdek qattiq. Mevasini tuyib, bo'g'imlarga surilsa, rosa foydali ekan. Albatta bu xonaki   usulda   tayyorlanadigan   malham. Aytishlaricha, kimning tizza bo'g'imidagi suyuqlik qurigan yoki kamaygan bo'lsa, shunga rosa davo bo'larkan. Xullas, mana shu so'lim ko'chalardan o'tayotib, Temur xiyoboniga kirib bordik. Parkning naq o'rtasida Amir Temurning haykali – ot ustida o'tirgan holatini ko'rasiz. Bu yerga kelgan sayyoh albatta uning haykali oldida suratga tushadi.

Parkdan piyoda yurib borib, temuriylar muzeyiga yaqinlashdik. Bu muzeyda temuriy hukmdorlar hayotidan hikoya qiluvchi nodir osori atiqalar va bebaho eksponatlar saqlanadi. Imorat devoridagi naqshlar ko'zingizni oladi.Ulug' hukmdorlarning ma'naviy qiyofasini saqlab qolishga qilingan say'-harakatlar tufayli bunyodga kelgan muzey salobati shu haqiqatga dalilki, O'zbekistonga kelgan sayyohlar so'zsiz bu muzeyni ko'rgani keladilar.

Bugun kun ancha issiq, shuning uchunmi, charchab qoldik. Shom tushishi bilan mehmonxonaga qaytdik. Biroz orom oldim, shu payt dr. Muhayyoning bir shogirdi kelib, meni uning uyiga olib ketdi. Birozdan so'ng sharros yomg'ir quya boshladi.Shu bahona ko'k choyni maydalab, anchagacha suhbat qurdik.Yomg'ir tingach, Ulfat sohiba bilan mashinaga o'tirdik, ular

meni kuzatib, keyin uylariga ketdilar. Tunda
mening hurmatli do'stim va universitet
o'qituvchisi dr. Sirojiddin Nurmatov sohib
qo'ng'iroq qildilar, mehr- muhabbat ila ziyofatga
taklif qildilar - biz ertasiga soat 9 da uchrashishga
kelishib oldik.Chamasi soat to'qqiz bo'lishiga
biroz qolganda butun vujudida kamtarlik-
kamsuqumlik bilan ular xonaga kirdilar. Undagi
mehr-muhabbat va samimiyatni ta'riflash qiyin.
Bundan besh yil oldin u bilan ko'rishgan edik –
mening taklifimga binoan Urduni rivojlantirish
Milliy Qo'mitasi tomonidan tashkil qilingan
xalqaro seminarga qatnashgani kelgan edi.
Shundan beri yaqin munosabatimiz bor. Mening
Toshkentga kelganimdan boshi osmonda edi.
Imkon qadar ko'proq vaqtni birga o'tkazishni
istardi, ammo bandligim tufayli iloji bo'lmadi.
Xullas, birga Toshkentning mashhur "Xalqlar
do'stligi maydoni"ni sayr qilgani chiqdik. Avval
bir qahvaxonada o'zbekcha kabob yedik, undan
so'ng shu joyga yaqin bir parkka bordik, u
"Xalqlar do'stligi maydoni" deb atalar ekan.
Sababi bu rayonda jamiki xalqaro tashkilot va
idoralar joylashgan ekan. Aylanib yurib, birga
universitetga kelib qoldik. Ikki kun mobaynida

darslarim yo'qligi sabab   Toshkentni ko'rib aylanish rejasini tuzib oldik.

Dr.Muhayyo   Toshkentning ko'hna bozori Chorsuni borib ko'rishni tavsiya qildi –   u shaharning qadimiy qismida ekan. Uni Dehlining Chandni Chouk bozoriga o'xshatdim, juda katta maydonga cho'zilgan   bu bozorda hamma narsa topiladi,ayniqsa, ho'l meva va hunarmandchilik ashyolari. Shaharliklar aksari savdo qilgani shu bozorga kelar ekan.Bozorning bir chekkasida bir qator tilla buyumlar sotiladigan do'konlar ham bor. Aytishlaricha, O'zbekistonda oltin konlari bor, shundan tilla ancha arzon.Ammo bu yerdagi tilla nari borsa 18 karatli.

Bozor aylanib, uncha-muncha ho'l meva xarid qildim   va shomgacha mehmonxonaga qaytdim. Oqshom shogirdim Muzaffarzodaning do'sti kechki ovqatga chaqirgan. So'lim oqshom . Yomg'irdan   so'ng   havo   biroz   etni junjiktiradi.Umuman olganda bu yerda shom bo'lishi bilanoq kechki ovqat yeyiladi. Shuning uchun Muzaffarning do'sti Mirfayoz kun botishi bilan mehmonxonaga yetib keldi – shaharning janubiy chekkasida joylashgan "Zohid kabob" restoraniga borishimiz kerak edi. Muhayyo sohiba avvalroq kelgan ekan.Haqiqatan juda taniqli restoran ekan.Oldindan joy buyurtma qilinar ekan.Odamlar o'rindiq bo'shashini kutib turishar edi. Birozdan keyin bizga buyurtma qilingan stol bo'shadi. Bu yerda baliqdan qilingan taomlar mashhur ekan. Biz ham baliq va o'zbekcha kabob yedik.

Kech tushib, havo ancha sovub ketgan edi. Men mehmonxonaga yetib borib, dam olaman. Ertaga yakshanba. Toshkentdan chekkaroqdagi "Zangiota" maqbarasiga ziyorat qilishni o'ylab qo'ydim.

Zangiota maqbarasi

Tush payti chamasi soat birda Mirfayoz sohib mashinasida menmonxonaga yetib keldi. Shohjahon va Samandar allaqachon menga hamroh bo'lib borish uchun taxt bo'lib o'tirgan edi. O'zbekistonga xos bir jihat borki, bu yerda so'fiy ulamo va azizu avliyolarning juda ko'p mozorlari bor. Shulardan biri Zangiota ziyoratgohidir.Bu maskan Toshkentdan taxminan 15 km. uzoqda joylashgan bo'lib, bu tuman shu nom bilan ataladi.

Zangiota nomi bilan mashhur bo'lgan Shayx Ali Xoja tabarruk nomlarini Zangi buva ham deyishadi,sababi – o'zbek tilida "ota" padari buzrukvor degani . Ul zot 13-asr bobokaloni hisoblanadilar, to'q bug'doyrang tusli bo'lganlari sababidan "Zangi ota" (qorachadan kelgan) nomi bilan mashhur bo'lganlar.

Zangiota xalqning molini boqib, cho'ponlik qilganlar, oddiy odamlardek kamtarona hayot kechirganlar. Husni xulqi tufayli odamlar orasida hurmat topa boshlaydilar, keyinchalik islom dinini targ'ib qilib, odamlarni haqiqat yo'liga boshladilar. Bora-bora xalqning ilohiy-axloqiy tarbiyasiga kirishadilar. Zangiota kishilar orasida adlu insof, mehr-shafqat g'oyalarini keng yoydilar .Ul zot martabasi ulug' bo'lib, ko'plab muridlari mutasavvif bo'lib yetishdi.Zangiota Markaziy Osiyoda islom dinining yoyilishiga ulkan hissa qo'shdilar.

Zangiota maqbarasi 1870 yilda bunyod etilgan.Bu juda katta majmua bo'lib, masjid,xonaqoh, madrasa, talabalar uchun turarjoy, hovuz, darvozaxona, Zangibuva va Anvar bibi maqbaralari, ulkan minordan iborat. U bilan yonma-yon eski qabriston tushgan.Bu yerdagi ba'zi qabrlarga ul zotning surati tushirilgan.Bu dargohga Markaziy Osiyoning ko'plab yurtlaridan son-sanoqsiz ziyoratchilar keladi.Ayollar ham anchagina.Bu majmua temuriylar davri me'morchiligining go'zal namunasi hisoblanadi.

Bu mening birinchi bor O'zbekistonda buyuk avliyoninng dargohiga kelishim – chunonchi menga ma'qul tushgan ba'zi jihatlar shuki, gumbaz ostida joylashgan mozorga yonma-yon ikkita xona qurilgan bo'lib, poliga top-toza, chiroyli gilam to'shalgan, gir aylana to'rt devoriga yaqin qilib skameykalar qo'yilgan. Xotin-xalaj, erkak – bari shu xonalarga kirib, kim qayerga istasa, o'tiradi, maxsus tayinlangan mulozim tilovat qiladi, qolgan jamoa unga qo'shilib duoyi fotiha qiladi . Fotihaxonlikdan keyin maxsus o'rnatilgan qutilarga baholi qudrat nazr-niyoz beriladi, aksari hollarda ayollar uylaridan osh-ovqat pishirib kelib, ziyoratchilar va shu yerning xizmatchilariga tarqatadilar. Keyin odamlar tavoze ila ohista chiqib ketadilar, ularning o'rniga yana birin-sirin boshqalar kirib keladi. Menga mana shu tarzdagi fotihaxonlik juda manzur bo'ldi.Bu yerda ziyoratchilar orasida ayollar ko'p bo'larkan. Boshqa mozorotlarga borib , xuddi shu tartib-intizomni ko'rdim.

Minor Masjidi

Shom payti soat chamasi besh. Rosa ochiqqanmiz. Mirfayoz sohib bir hashamatli restoranga olib bordilar.U yerda maza qilib taomlandik. Qaytayotganda Toshkentda yangi qurib bitirilgan Minor masjidini ko'rib o'tishni reja qilgan edik. Bu masjid sayyohlar uchun diltortar maskan ekan. Asr namozini shu yerda o'qimoqchi edik, ammo yo'lda mashinalar gavjumligidan kechikib qoldik, jamoa ham tarqalib bo'lgan ekan, ammo masjidni ziyorat qilish baxti nasib etdi.

Minor masjidi Toshkentda yaqinda qurilgan o'zbek me'morchiligi uslubidagi inshootning ajoyib namunasidir. U oqrang marmardan bunyod qilingan bo'lib, osmonrang gumbazi husniga husn qo'shgan. Tunda u yana ham ko'rkam ko'rinadi. Bu yerning havosi shunday musaffoki, inshootning rangi-tusiga zarar yetmaydi.Ichkari qismi sharqona uslub bilan muzayyan. Masjidning mehrobiga sof oltindan naqshu nigor qilinib, qur'oniy oyatlar bitilgan . Masjidning qurilish ishlari 2013 yilda boshlanib, 2014 yilning oktyabr oyida Qurbon hayiti munosabati bilan ochilgan.Bir vaqtning oʻzida bu masjidda 2400 kishi namoz oʻqisa boʻladi. Bunda ayollar namoz oʻqishi uchun ham shart-sharoit yaratilgan. Masjiddagi zamonaviy jihozlarni koʻrib, hayratga tushdim – namozxonlar uchun jamiki qulayliklar muhayyo. Tahoratxonada har bir odam uchun yuz-qoʻlni artishga va oyoq artishga alohida sochiq qoʻyilgan, bir marta ishlatilganidan keyin yana isteʼmolga qoʻyilmaydi. Ozodalik shu qadarki, bitta xasni koʻrmaysiz, xullas, bu masjid mahalliy aholi va xorijdan kelganlar uchun ziyorat qilib ketsa, arzirli joy ekan. Alloh buni qurganlaru uning tashkilotchilarini ajru savobi ila yorlaqasin, diniy-maʼnaviy merosni koʻz qorachigʻidek asrayotgan bu yurtni oʻz hifzu himoyasida saqlasin.

Istiqlol maydoni

Men safarga otlanganimda mumkin qadar Oʻzbekistondagi boy tarixiy qadamjolarni koʻrib sayohat qilishni koʻnglimga tukkan edim, chunonchi har kuni tush payti soat ikkidan keyin Shohjahon bilan birga shaharga chiqib ketaman.Bugun ham Istiqlol maydoniga sayr qilishga chiqdim.Uni oʻzbeklar Mustaqillik maydoni deyishadi. Shu hududda Prezident saroyi joylashgan. Sobiq shoʻrolar davrida bu joyda Leninning baland haykali boʻlgan ekan.Uni olib tashlab, Prezident saroyi qurilgan. Maydon katta shoh koʻchada joylashgan boʻlib, yoʻlning chetidan boshlab chiroyli darvoza va panjaralar va ularning toʻrt tomonida favvoralar bosh egib, obi hayotni sochadi, oʻrtada koʻm-koʻk maysazor va uning atrofidagi mahobatli imoratlar bu tantana va tadbirlar oʻtkaziladigan maskanga yanada joziba qoʻshadi.

Bu yerda shahidlar xotirasiga bagʻishlab qurilgan Xotira maydoni bor, u koʻm-koʻk daraxt va gullar orasida. Uning ikki chetida ayvonlar qad koʻtargan, uning har ustuniga bronzadan kitob shakli berilgan, har kitobda qariyb yigirma sahifa bor, urushda halok boʻlganlarning ismi sharifi bitilgan. Maydonning bir chekkasida motamsaro ona haykali qad koʻtargan.Onaning qalbi shahidlar uchun faxr tuygʻusi bilan limmo-lim. Odamlar shahid ketganlarga oʻziga xos tarzda hurmat bajo keltiradilar. Shulardan birini aytay - baʼzilar shahid ketgan jangchining harbiy libosida kelib, ehtirom ko'rsatadilar, onalar oddiy kunlarda ham kelib, bolalarini harbiycha kiyintirib olib kelishar ekan.

O'zbekistonda 9 may kuni Xotira kuni nishonlanadi.Bu kun O'zbekistonning mard o'g'lonlari aziz jonini fashizmdan qutqarish uchun nisor qilgan. 9 may kunida bo'lib o'tadigan tantanalarda yurtboshining o'zi ham qatnashadi, va hukumat idoralarining ko'plab mulozimlari bu tadbirda ishtirok etadi. Shuning uchun bu ayyom o'zbekistonliklar uchun faxr va iftixor hissini tuyadigan kun hisoblanadi.

Shu maydonga yaqin Alisher Navoiy shohko'chasida "Shahidlar maydoni" bor, bu yerda qatli om natijasida qurbon bo'lganlar mangu uyquda yotibdi. Mazkur maydon shu shahidlar xotirasi uchun qurilgan. Uning naq markazida havorang gumbaz qad ko'targan, gumbazdan yuqoriga qarab sun'iy sharshara bunyod qilingan. U tugashi bilan katta suv ombori boshlanadi. Shahid ketganlarning qabri qayerdaligi noma'lum, sababi u tekislab tashlangan. Ammo shu joyda bir muzey tashkil qilingan, uni tomosha qilib, sho'rolar hukumatining tugatilishi haqidagi haqiqatni tushuna boshladim. Bu yerdan shuningdek, ozodlik uchun harakatlar bilan bog'liq eksponatlar, taniqli kishilarning suratlari, o'sha davr avtomobillari va qurol-aslahalari nusxalari joy olgan.Men borgan kun muzey yopiq ekan, ammo juda ko'ray degandim, borib, u yerdagi qorovul bilan gaplashdim, ikki karra bilet haqini olib, men va Shohjahon ikkimizga kirishga ruxsat berdi. Biroq suratga tushishga qo'ymadi. Imorat ko'proq sharqona uslubda –yog'ochdan qurilgan ekan.

G'afur G'ulom nomli parkda

Bir necha kun dars o'tganimdan keyin talabalar menga yaqin bo'lib qolishdi. Shuning uchun menga " faqat Shohjahon emas, biz ham siz bilan Toshkentni aylanamiz" deb istak bildirishdi. Bunga javoban men:" Jon deb rozi bo'laman , ammo bir shart bilan – har bir talaba faqat urdu yoki hindiyda gapiradi. Agar shartim ma'qul kelsa, boramiz" dedim. Buning ijobiy natijasi shu bo'ldiki, gapirishga tortinib turganlar ancha dadil tortdi.

Parkka bordik, rosa aylandik. Katta ko'l bor ekan, qayiqlarga o'tirib, sayr qildik. Chin so'zim –

bu talabalar menga juda aziz, sababi har biri iliq munosabatda bo'lib, hurmat ko'zi bilan qaradi menga.

Toshkent aholisi va maydoni jihatdan uncha katta bo'lmasa-da, ammo tarixiy binolar va ziyorat qilishga arzigulik qadamjolar shunaqa ko'p ekan, hammasini bir-ikki kunda borib ko'rish afsus, imkonsiz.

Samarqand – avliyolar yurti

Hindistondaligimdayoq Toshkent shahrini ko'rib, aylanib, ikki kungina bo'lsa ham, Samarqandu Buxoroni borib ko'rishni niyat qilib qo'ygan edim. Dehlidan turib, mezbonim dr. Muhayyoga telefon qilib, ichimdagini yordim. Ular bu masalani dr. Lola hal qilib berishini aytdi. Dr. Lola chindanam bu safarni sidqidildan tashkil qildi.Ularga o'z minnatdorchiligimni so'z bilan ado etish qiyin. 1 maydan 4 may oralig'idagi safar rejasini shunday tuzdiki, darslar ham barbod bo'lmadi. Safarda qiynalib aziyat chekmasligim uchun dr. Lola ikki talabasi – Shohruh va Ahmadni menga hamroh qildi. Ahmad sohibning shaxsiy mashinasi bor , o'zi ham shu yerlik ekan. Darsim tugashi bilan Lola sohiba, ikki talaba va men Toshkentning taniqli kafesi "Rayhon" ga bordik, anvoyi taomlar yeb bo'lgach, Samarqandga ravona bo'ldik.

Bu yigitlar – uchinchi kurs talabalari. Bizning ketishimiz haqida guruhdoshlari eshitib, yana ikkisi ketishga shay bo'lib qoldi deng, Lola sohiba talabalarni o'z farzandidek ko'rar ekan, ammo buning iloji yo'q edi - talabalar biroz og'ringandek bo'ldi, Lola sohiba ularning ko'nglini ko'tarib qo'ydi. Xullas, taxminan soat ikkilarda biz Toshkentdan Samarqandga yo'l oldik. Bu ko'hna shahar poytaxtdan 300 km. uzoqda ekan. Toshkentdan Samarqandga olib boradigan katta massiv yo'l Buyuk Ipak yo'liga borib tutashar ekan. Shunday rohatijon yo'lki, manzilga 3,5 soatda yetib olinadi. Mashina shahardan chiqqach, katta yo'lga tushib oldi – yo'lning ikki tomonida keng dalalar yastanib yotibdi, yam-yashil, ko'zingiz quvnaydi. Bir qator olcha daraxtlari, yana saldan keyin o'rik ko'chatlari qad ko'targan bog'lar … Uzoq-uzoqlarda bug'doy boshoqlari tebranadi, bir tomonda turfa xil sabzavot , ikkinchi tomonda bodring ekilgan. Erkagu ayol tengma-teng ishlayapti. Hozir

qulupnay pishgan payt ekan, u yoq- bu yoqda
ayollarning g'arq pishgan qulupnay sotayotganiga
ko'zim tushdi. Manzara shunday go'zalki, Alloh
bu yurtni, bu zaminni qanchalar serhosil va
unumdor qilib yaratgan ekan. Agar bu yerning
jamoli shu bo'lsa, unda jannat qanday ekan?!

Biroz yurgach, Shohruh aytib qoldi – janob,
mana, Buyuk Ipak yo'liga yetdik, endi shu yo'l
bilan Samarqand va Buxoroga kirib boramiz. Men
bir necha soniyaga moziy voqealariga cho'mdim –
bu o'sha qancha-qancha karvonlaru, qancha
hukmdorlar bosib o'tgan yo'l, ne-ne ishlarga
guvoh yo'l… Xotirjam safarimizni davom ettirib,
Jizzax vodiysiga yetib keldik. Gullab-
yashnayotgan, ko'm-ko'k vodiy – maftun bo'lmay
qolmaysiz. Oldinda tog' yonbag'rida qo'nim
topgan qishloqlarga qaraymanu, qalbimda havas
jo'sh uradi. Alloh bu diyor odamlariga shu qadar
maftunkor dunyoni ato etgan ? Sal pastroq yurib,
Sangzor daryosining to'lg'onib oqayotganiga
ko'zim tushdi. Daryo to'lqinlanib oqyapti, chor
atrofga ajib tarovat bag'ishlaydi. Anchagacha sohil
bo'ylab yurib, Samarqand chegarasiga yetdik.
Qalbim quvonchdan hapriqar, va quyosh ufqqa

bosh qo'ymasdan Samarqandga yetib olsak, deb hayajondaman. Toshkentda Samarqand shahriga kirmasdan turib, Imom Buxoriy rahmatillohi alayh muqaddas mozorlarini borib ziyorat qilishni ko'nglimga tukkan edim.

Imom al-Buxoriy ziyoratgoh majmuasida

Imom Buxoriy ziyoratgoh majmuasi Samarqand shahriga kiraverishda taxminan 25 km. uzoqlikda joylashgan .Biz xuddi shu yerdan Samarqandga qaytishimiz kerak edi. Shohruh va Ahmad sohib mening istagimni payqadilar shekilli, yo'lda biron joyda to'xtamasdan to'g'ri imom Buxoriy ziyoratgohiga yo'l oldilar. Asr namoziga ancha vaqt bor edi. Mashinani majmua hovlisidagi avtomobil to'xtash joyida qoldirdik.Ayni shu yerdan yodgorlik gumbazi ko'rinib turardi. Men dilimda Imom al-Buxoriy qadamjosiga hurmat bajo keltirdim.

Ziyoratgohga olib boradigan yo'lning ikki tomonida do'konlar qatori. Bu menga Hindistonni eslatdi – bu yerdagi do'konlar ham son-sanoqsiz mayda-chuyda esdalik sovg'alari bilan liq to'la , farqi shundaki, bu yerda gul va ko'rpa-to'shak do'koni yo'q ekan. Biz   turli xorijiy tillarda peshtaxtalar osilgan katta darvozaga yetdik – ularda ziyorat odobi yoritilgan edi. Ayniqsa kishi libosi va ziyoratgohni aylanish odobi diqqatimni tortdi. Darvoza yaqinida chipta sotib oldik. Xorijliklar uchun chipta narxi mahalliy aholiga belgilanganidan biroz ko'p . Ko'pincha ziyoratgohlarga kirish mahalliy aholi uchun tekin. Buni qo'ya turaylik.Tekshiruvdan o'tgach, ichkariga kirdik. Qarshida imom Buxoriy hazratlarining maqbarasi ko'rindi. Avval bu manzarani faqat suratlarda ko'rgan bo'lsam, endi o'z ko'zim bilan ko'ib turibman. Men bot-bot Allohga shukrona keltirayotgan edim – suyukli bandasiga ulamoning xonaqohini ko'rish baxtini muyassar qildi.

Maqbara to'rt tomondan alohida-alohida qad ko'targan imoratning biri bo'lib, uning qarshisida 200 m. uzoqda imom Buxoriy qabristoni joylashgan. Chap tarafda haybatli masjid , o'ng tomonda esa muzey qurilgan. Imom Buxoriyning qabri maqbaraning ichkarisida, sag'ana ostida . Hamma ham u yerga kira olmaydi. Ruxsat yo'q. Ziyoratchilar to'grida joylashgan gumbaz ostida fotihaxonlik qiladilar.Uning uchala tarafida peshayvon qurilgan boʻlib, kelganlarning tilovat qilishiga shart-sharoit yaratilgan. Oʻzbekistonda shuni angladimki, har bir muqaddas qadamjoda uning nazorati uchun maxsus xodim belgilangan. Ziyoratga kelganlar maqbaraga yaqinlashayotib, bosh egib salom beradilar va shu yerda umumiy fotihaxonlik boʻladi. Bu hol uzluksiz davom etadi. Joylar toʻlgach, xodim tilovatni boshlaydi, fotiha qiladilar, uning orqasidan odamlarning boshqa guruhi kelib qoʻshiladi, shunisi menga juda ma'qul keldi. Men ham koʻpchilikning duosiga qoʻl ochdim. Keyin haligi xodimga forscha gapirib, murojaat qildim, bu yerga kelishimdan oldin Buxoro va Samarqandda koʻpchilik, ayniqsa, tojiklar forschani tushunadi, deb aytishgan edi. U fors tilini bilar ekan, men undan ichkariga, qabr qoʻyilgan joyga kirsa boʻladimi, deb surishtirdim. Avval u menga hayron boʻlib qaradi, keyin "Qayerdansiz?" dedi. Men "Dehlidan" dedim. Xorijlik mehmon ekanimni bilib, tavoze bilan "asli ruxsat yoʻq, juda xohlayotgan ekansiz, mayli, kirasiz, ammo hozir bu yer gavjum, shom namozini oʻqiboq, yoki bomdoddan keyin keling, dedi. Men shomgacha tura tursam, deb oʻyladim, ammo sherigim xayolimga keldi, axir u ikki soat kuta olmaydi.

Shularni gaplashib turganimizda birdan asrga azon aytila boshladi, biz masjid tomon yurdik. Masjid juda chiroyli qurilgan,   uning gumbazlariga o'zbek milly hunarmandchiligi asosida bezaklar berilgan. Masjid imomi o'ziga xos o'zbekona milliy libosda, yuzi to'la nur. Jamoaga qo'shilib namoz o'qidik, salom bergach, imom namozxonlarga yuzlanib, Qur'ondan yana tilovat keltirdi va duo o'qidi. Men endigina turmoqchi edim, muazzin janoblari yaqinlashdilar va viqorli ovozda yana ba'zi suralarni o'qidilar , shundan so'ng ikkinchi bor yana duo qilindi. Men o'rnimdan turib atrofga qarasam, kelganlar hali ham joynamoz ustida o'tiribdi, men yana qayta o'tirdim. Imom janoblari uchinchi bor yana tilovat qildilar va duoga qo'l ochildi, shundan keyin odamlar joyidan qo'zg'aldi. Ba'zilar bir-biri bilan qo'l berib ko'rishib qo'ydi, men ham yon atrofimda turganlarga qo'l uzatdim.

Masjiddan tashqarida bir hovuz bor – chor atrofiga favvoralar qurilgan, bir gala erkagu ayolni undan suv olib ichayotganiga ko'zim tushdi, hoynahoy, muqaddas qadamjo bo'lganidan suvi ham shifobaxsh bo'lsa kerak. Chanqab turgan edim, men ham qonib shu suvdan ichdim – suvning ta'mi o'zgacha. Keyin Imom Buxoriy hazratlari mozoriga yana bir bor ta'zim bajo keltirib, shu atrofda bunyod qilingan muzeyni borib, ziyorat qildim va tashariga chiqdik.

Samarqandda ...

Lola sohiba samarqandlik prof. Juma akaga telefon qilib, mening borishimni aytib, oldindan bizning issiq-sovug'imizdan boxabar bo'lib turishini tayinlagan edi. Shaharga yetib borgach, Shohruh Juma aka bilan qo'ng'iroqlashib, uchrashuvni kelishib oldi. Sal o'tmay ular bilan uchrashdik – juda samimiyat va tavoze bilan ko'rishdilar. Ular bilan mehmonxonaga yo'l oldik.Oldindan joy qildirib qo'ygan ekanlar. Xonani ko'rib, ancha qimmat bo'lsa kerak, degan o'y o'tdi xayolimdan, ammo o'ylaganimdan ancha arzon ekan.Narsalarimizni joylab, Juma aka bilan xayr-xo'sh qildik.Qariyb barcha tarixiy joylar shu mehmonxonaga yaqin ekan.

Narsalarimizni joylab, Siyob bozori tomon yurdik. Bu Buyuk Ipak yo'lidagi ko'p asrlar muqaddam qurilgan savdo bozori bo'lib, shaharning qadimiy nuqtalaridan biri hisoblanadi. Ma'lumotlarga ko'ra o'tgan asrlarda yirik tijorat maskanlari vazifasini o'tagan yo'llar Ipak Yo'li deb atalgan, bu yo'llar Xitoyni Kichik Osiyo va Vizantiya imperiyasi bilan tutashtirgan va 8 ming km. (5 ming mil) ni tashkil etgan. Bu tijorat yo'li Xitoy, Misr, O'rta Yer dengizi, Eron shaharlari, Mesopotamiyani oralagan. Hozirgi jahon taraqqiyoti uchun asos bo'lib xizmat qilgan. Birinchi bor "Buyuk Ipak yo'li" atamasi 1877 yilda nemis olimi **Ferdinant Fon Rixtgofen** tomonidan fanga kiritildi. Bugungi kunda bu atama Pokiston va Xitoy orasida joylashgan Qoraqurum shossesi uchun ham qo'llaniladi. G'arbdan Shimoliy Xitoydagi savdo markazlarigacha cho'zilgan bu tijorat yo'li Tibetning ikki tomoni - shimoliy va janubiy qismida ikkiga ajraladi. Shimolga olib boruvchi yo'l Bulg'or Qipchoq degan joylardan o'tadi va Xitoyning shimoli-g'arbiy provinsiyasi Ganchjoudan o'tib, keyinroq uch tarmoqqa ajraladi – bulardan ikkisi Taklamakon sahrosining shimoliy qismi va janubidan o'tib borib, yana qayta Koshg'arda tutashadi. Uchinchi yo'l esa Tyan-Shan tog' tizmasi shimolidan, Turfan va Almati shaharlaridan oralaydi. Bu yo'llar nari borib, Farg'ona vodiysi Qo'qon shahrida bir nuqtada tutashadi. So'ng g'arbda Qoraqum sahrosi orqali Marvga cho'ziladi. Xuddi shu joyda unga janubiy yo'l qo'shiladi. Yana bir yo'l Amudaryo bilan yonma-yon borib, shimoli g'arb tomonga burilib ketadi. U Buyuk Ipak yo'lida tijorat markazlari - Buxoro va Samarqandni Astraxan, shuningdek, Qrim bilan tutashtiradi. Xuddi mana shu yo'l Qora dengiz va Marmar dengizi orqali Bolqon va Venesiyagacha cho'zilgan, ikkinchi yo'l esa Kaspiy dengizi va Ko'hiqofdan oshib o'tib, Gurjistondan Qora dengiz va Konstantinopolgacha boradi. Ipak yo'lining janubiy qismi Hindiston shimolidan o'tib, Turkiston va Xuroson orqali Mesopotamiya va Anado'liga boradi. Bu yo'l Janubiy Xitoydan Hindistonga kirib borib, Brahmaputr daryosi va Gang orqali Banorasda asosiy magistral yo'lga birlashadi. So'ng Shimoliy Pokiston va Hindikush tog'larini kesib o'tib, Marv yaqinida shimoliy yo'lga qo'shiladi. Bu yo'l g'arb tomon o'z safarini davom ettiradi va shimoliy Erondan Suriya sahrosi orqali Levantga kirib boradi. Bu yerdan O'rta Yer dengizida savdo-sotiq mollarini

Italiyaga dengiz kemalari olib borgan, shimoliy Afrika tomonga   esa karvonlar tashigan" (آزاد دائرة المعارف).

Mana shu Ipak yo'lida joylashgan bozor "Siyob bozori" deb ataladi, albatta ba'zi o'zgarishlar yuz bergan. Ammo bozor o'z joyida qolgan. Mashinani ko'rsatilgan joyga qo'ydik. To'g'rida   ,   ko'chaning   narigi   betida O'zbekistonning sobiq prezidenti Islom Karimovning qabri, unga yonma-yon tushgan Xizr masjidi baland tepalikda ekan. Bu uncha katta bo'lmagan tog' etagining davomi bo'lib, biz ichkari kiramiz, deb tursak, darvoza yopiq. Shuning uchun yo'lning narigi tomonidan ichkariga kirib boruvchi ko'chaga tushib oldik. Uzoqdan Amir Temur davrida qurilgan Jome Masjidining moviy gumbazi va minorasi ko'rindi, u Bibixonim masjidi nomi bilan tanilgan. Ikkinchi tomonda esa Bibixonim maqbarasi qad ko'tarib turibdi. Oqshom payti manzarani ko'ring – naqadar ulug'vor. Baland minora va mahobatli gumbaz o'tmishdan so'ylaydi.

Chipta sotib olib, ichkari kirdik. Urdu Wikipedia ma'lumotiga ko'ra "Bibixonim Jome masjidi O'zbekistondagi mashhur tarixiy masjid bo'lib, 14-asrning taniqli hukmdori Amir Temur farmoni bilan qurilgan. Amir Temur 1399 yili Hindistonni fath etgach, davlatining yangi poytaxti Samarqandda katta masjid qurdirishni reja qilgan. Masjidning gumbazi 40 m. bo'lib, kirish qismi – 35 m. Yana bir rivoyatga ko'ra sohibqiron jangda yurgan paytida rafiqasi Bibixonim qurdirgan, deyiladi. Masjid 19-asrda yuz bergan zilziladan vayron bo'lgan, 1970 yillarda ta'mirlangan. Masjid qurilishi 1399 yil boshlanib, 1404 yili qurib bitkazilgan".

Ko'chaning narigi tomonida Bibixonim maqbarasi joylashgan – Amir Temurning ikki zavjasi va bir xodimasi qabri bor. Naq shu joydan bir kilometr narida Samarqandning mashhur maydoni Registonda qad ko'targan masjid va madrasaga ko'zim tushdi. Kech tushib qolgani bois u yerga borish niyatidan qaytdik.

Shundan so'ng Ahmad va Shohruh bilan birga Samarqandni mashinada sayr qilib aylandik. Biroz o'tgach, Ahmad sohib bir restoran oldida mashinani to'xtatdi va ovqatga taklif qildi. Bu kattagina restoran – sayyohlar bilan liq to'la. Biz faqat tashqarida, soyabon tagida joy topa oldik. Kech bo'lganidan havo etni junjiktiradi. Bir mahal qarasam, ofisiant soyabon tagida o'tirganlarning yelkasini adyol bilan o'rab qo'yib, keyin buyurtma olyapti. Bu yerning taomlari rosa mashhur ekan, shuning uchun ko'pincha sayyohlar bu yerga ovqatlangani kelar ekan. Ovqatlanib bo'lgach, mehmonxonaga borib, dam oldik. Ahmad sohib qaysidir do'stining uyiga ketdi, men va Shohruh birga shu yerda qoldik.

Shohizinda ansambli

Ertalab kelishilgan vaqtda tayyor bo'lib, Shohizinda majmuasini ko'rgani ketdik. Bu ziyoratgoh juda katta maydonni egallaydi. Shohizindaning nomi hazrat Qusam bin Abbos bin abu Tolib raziallohu anhuga berilgan nisbatdir. Ul zot rasuli akram Muhammad Mustafo sallallohi alayhi vasallamning amakizodalari bo'lgan. Hazrat Usmon raziallohu anhu davrida shu zaminga tashrif buyurganlar. Yaqin Sharqda islom dinini yoyish uchun eng birinchi kelgan zotdirlar.

Umrlarining oxiriga qadar islom dinining targ'iboti bilan mashg'ul bo'ldilar va shu yerning o'zida shahid bo'ldilar. Mashhurki, o'sha davr hukmdori ul zotni zindonband qilib, dorga osishni buyuradi. Soqchi yaqinlashganda ular hujradan chiqib, yonginada, odamlar suv olib ichadigan pastlikdagi quduqqa sakraydilar, shundan keyin hech kimga ko'rinmaydilar, shuning uchun ularga nisbat berib, „Shohi zinda" deyishadi. Bu hududda ul zotning qabri yo'q, faqat ibodat qilish uchun bir hujra va unga tutashgan masjid bor. Odamlar shu yerga kelib, tilovat qiladilar. Quduq ham shu yerda, ammo avomga aytilmaydi – usti yopib qo'yilgan. Deydilarki, hazrati Xizr alayhissalom kelib, Qusam ibn Abbosning g'oyib bo'lishlariga yo'l ko'rsatgan ekanlar (Vallohu a'lam bissavob). Shuning uchun biroz narida joylashgan masjidni Xizr masjidi deydilar.

Shu hududda minglab qabrlar bor – bu yerda Temurning hukmi bilan juda ko'p maqbaralar gumbazli qilib qurilgan. Ular ko'cha yuzidan tortib, balandlikka qarab joylashgan, shundan hazrat Qusam bin Abbos raziallohu anhuning hujrasi eng baland joyda. Unga chiqiladigan zinalar haqida aytiladiki, yuqoriga chiqayotganda

36 ta zina sanaysiz, tushayotganda 37 ta zinani bosib tushasiz. Men ham sanashga harakat qildim, ammo uddasidan chiqmadim. Bunda qanchalar haqiqat bor yoki yo'q, ammo bu gap xalq og'zida juda mashhur.

Hazrati Xizr masjidi

Hazrati Xizr masjidi Shohizinda majmuasi bilan tutashgan bino. Bu ikki me'moriy yodgorlik kichik tepalikda joylashgan. Shu ikki imorat o'rtasidagi tepalikda ko'hna qabriston bor. O'zbekistonda hamma qabristonlar tepalikda bo'lar ekan. Tik zinapoyalardan ko'tarilib, majmua ichiga kirdik.Chap tomonda Xizr masjidi . Rivoyatlarga ko'ra bu joy islom tarqalishidan oldin butxona bo'lgan ekan. Uni tekislab,   poydevori ustiga masjid qurilgan.Yana aytiladiki, bu yerga hazrati Xizr alayhissalom tashrif   buyurgan ekanlar. Bu yerga qadam ranjida qilishlarining sababi hazrat Qusam   raziallohu anhuga o'lim jazosi tayin qilinganida   hazrati Xizr Allohning hukmi bilan g'oyib bo'lishlariga madadkor bo'lgan ekan. Shundan bu masjid nomi hazrati Xizr deyiladi. Masjid juda katta emas, ammo uning oxirgi devorining ikki tarafida hujralar qurilgan. Aytishlaricha, hazrati Xizr alayhissalom bu yerda ibodat qilar ekanlar. Hujraning birida aso saqlanadi. Bu aso Xizr buvaniki deyishadi. Rivoyatda aytilishicha, masjid qurilayotgan paytda aso yo'qolib qolgan ekan. Keyinchalik avliyosifat bir toshkentlik ayolning tushida Xizr buva asoning qayerdaligini bildiribdilar. O'sha tush sabab yerning ostki qismida yotgan aso topilgan (Vallohu a'lam bissavob). Shu bois bu hazrati Xizr masjidu deyiladi.

Ziyoratchilar turnaqator. Bu yerda ibodat qiladilar. Hozir ham ikki hujra bor. Ulardan biri ayollarga, ikkinchisi erkaklarning tilovat qilishiga ajratib qo'yilgan. Alloh menga ham shu masjidni ziyorat qilishni nasib etdi. Ikki rak'at nafl namozimni o'qib, unga yonma-yon qilib qurilgan sobiq prezident Islom Karimovning mozoriga o'tdim. U yerda suratga tushish qat'iyan man' qilingan ekan.Bu keng yalanglikka qator qilib kursilar qo'yilgan. Ziyoratchilar kelib o'tirgach, hamma joylar egallanganidan keyin taomilga ko'ra jamoa bo'lib tilovat qilishar ekan.

Registon maydoni

Xizr masjididan pastga , ko'chaning narigi tomoniga o'tib, Bibixonim masjidi qad ko'targan ko'chaga burildik. Mana shu ko'cha Registonga olib chiqadi. Ko'pchilik piyoda ketyapti. Ancha uzoqligini bilganimiz uchun mashinaga o'tirib, yetib oldik. Registon so'zini eshitib yoki o'qib, boshqa narsa xayolga keladi.Ammo bu yerdagi ahvol bundan o'zgacha. Katta , keng maydon. Uch tomonida hashamatli madrasa va xonaqohlar qad ko'targan. Bu me'moriy yodgorlik O'zbekistonning ramzi hamdir.Uni Registon maydoni deyishar ekan. Ammo xalq tilida Registon. Bu yerda uchta alohida-alohida inshoot savlat to'kib turibdi.

O'ng tarafda Ulug'bek madrasasi, to'g'rida Sherdor madrasasi va or'tada Tillakori masjidi. Ulug'bek madrasasi 1417 yilda qurilgan bo'lib, ellikta hujrasi bor. Har bir hujrada ikkitadan talaba istiqomat qiladi. Kunduzlari bu yer darsxonaga aylanadi.Bu eng qadimiy oily o'quv yurti binosidir. Bu yerda diniy ta'limdan tashqari o'sha davrda urf bo'lgan fanlar ham o'qitiladi.

Shoirlar, faylasuflar, munajjimlar, zamonasining yetuk fan arboblari saboq berganlar. Shundan Ulug'bek madrasasi qurilganidan boshlab, yirik ma'rifiy muassasa maqomiga ega bo'lgan.

Sherdor madrasasi 1619 yilda yirik siyosatdon Yalangto'sh Bahodir tomonidan qurdirilgan.Peshtoq ravog'i tepasiga sher tasviri tushirilgan.

Tillakori madrasasi qurilish ishlari ham Yalangto'sh Bahodir tomonidan 1646 yilda boshlanib, 1660 yilda tugallangan.Masjidming mehrobi va gumbazi bezagiga sof oltin sarflangan.Shuning uchun Tillakori (tilladan ishlov berilgan) deb yuritiladi. Hovli sahnida turfa xil gullar ochilib yotibdi.Bu yerga qadam bosishingiz bilan ko'zingiz quvnab ketadi – o'sha zamonda bunaqa mahobatli imoratlar qanday bunyod qilingan ekan? Hozirda bu madrasa hujralari do'konlarga aylangan, va uni chin ma'noda sayyohlik maskani desa bo'ladi. Bu yerdagi dokonlarda o'zbek hunarmandchiligi buyumlari sotiladi, ya'ni zamonaviy do'konlar emas. Ularni ko'rgani dunyoning chekka-chekkasidan odamlar keladi. Bu kompleks hozirda butunjahon madaniy merosi hisoblanadi.

Amir Temur maqbarasida

Amir Temur O'zbekistonga ko'p narsa bergan. U hukmronlik qilgan vaqtda qurilgan imoratlarchalik biron hukmdor davruda shuncha bino va inshoot qurilmagan bo'lsa kerak. Temur dunyoga dovrug'i ketgan fotihlardan. Samarqanddagi unga qurilgan maqbaradan ziyoratchilarning keti uzilmaydi. Bu yerda ham boshqa yerdagi kabi gumbaz va minoralar qurilganu, ammo uning ichki gumbaziga solingan naqshu nigorni ko'rib, yoqangizni ushlaysiz. Ularning hammasi tilla va qimmatbaho toshlar bulan ziynatlangan. Bunda sohibqironning o'zidan tashqari ahli xonadon qabrlari ham makon tutgan.

Hazrat Doniyol alayhissalom maqbarasida

Bu muborak maskan Samarqanddan tashqarida, tepalikda joylashgan. Undan pastda to'lin ariq oqib o'tadi. Uning yonginasida bir chashma bor – tinmay zilol suv chiqib turadi. Unga ham odamlar e'tiqod qo'yib, suvidan qonib ichadilar. Shifobaxsh deb biladilar. Musulmon, nasroniy va yahudiy – uchala qavm hazrat Doniyol alayhissalomni aziz -avliyosi deb biladi.(Doniyor, Daniil, Daniel – tarj.) Shuning uchun musulmonlardan tashqari bu yerda ko'plab boshqa din vakillariga ko'zingiz tushadi. Bu zotning muborak qabrlari borasida ko'plab ziddiyatli fikrlar bor - shaxsan o'zim hazrat Doniyolning Misrning ko'hna shahri Iskandariyada mozorlarini borib ko'rganman. U yerda ularning qabrlariga hazrat Luqmonning ham qabri tutashgan. Hazrat Doniyolning Samarqanddagi mozori 17 m. uzunlikda. Hazrat Doniyolning qabri nega bunchalar uzun? Bunga bog'liq bir rivoyatda aytilishicha, hukmdorning amri bilan shunday uzun qabr qaziladi, sababi nasroniy, yahudiy – barchalari e'tiqod qilar edi, ba'zilar sajda ham qila boshlaydi. Shunda hukmdor hech kim asl qabr qayerda ekanini bilmasligi uchun qabrni boshqa joydan uzun qilib qazdiradi . Eronning Sho'sh tumanida ham hazrat Doniyol qabrlari xususida ba'zi da'volar mavjud. Hazrat Doniyol muborak mozorlarining quyi qismida bir chashma oqadi.Uning shifobaxsh ekani haqida gap yuradi. Shundan bu yerda doim odam gavjum. Dinimillatidan qat'y nazar odamlar undan ichadi, shishalarga to'ldirib, olib ketadilar. Hazratning qabri tepalikda bo'lsa, bu chashma undan pastda, biroz uzoqlikda oqib yotadi.

Buxoro, qaydasan ?!

Samarqandda ko'ray desak, juda ko'p ziyoratgoh joylar bor edi hali, ammo vaqt tig'iz bo'lganidan shomdan oldinoq Buxoroga yetib keldik. Tezda tushlik qilib, Buxoroni aylangani chiqdik. Ayni o'sha Ipak yo'li orqali qalbga zavq-shavq ulashuvchi go'shalar, diltortar tabiat manzaralari, pista,bodom, qulupnay, olcha, o'rik va anvoyi mevali daraxtlarni bag'rida o'stirgan dalalar. Mana shu zaminning ilohiy jozibasi ham borki, yo'l yurganimni ham bilmadim, taxminan 270 km. yo'lni qachon , qanday qilib bosib o'tganimni bilmay ham qoldim.

Buxoroga borishdan yana bir niyatim bor edi. Sharqshunoslik universitetida Lola Murtazoxo'jaeva suhbat asnosida o'zbeklarning to'yi haqida aytib berdilar. Men bu yerning rasm-rusum va odatlari haqida qiziqib so'radim. Lola sohiba " Siz o'zbek to'yini ko'rgingiz bormi?" deb so'rab qoldilar. Men " Ha" degach, ertasiga "Siz uchun bir reja tuzib qo'ydim" dedilar. Shu rejaga muvofiq Samarqandni ko'rib, 2 may kuni Buxoroga boradigan bo'ldik.

Lola sohiba talabasi Ramziddin bilan gaplashib, (uning akasining to'yi bo'layotgan ekan) shu to'yga meni taklif qilinishimni aytdilar. Buxoroda yashaydigan talabasi Ramziddin hozirda Punada biznes boshqaruvi bakalavr darajasiga o'qiyotgan ekan, shularning xonadonida yashashimni gaplashib hal qildi. Shunday qilib men Buxoroga ruhiy-ma'naviy safar ham qila oldim, yana o'zbeklarning to'y payti bo'lib o'tadigan turli marosimlarini ham o'z ko'zim bilan ko'rdim. Shu rejaga ko'ra 2 may kuni shom payti Ramziddinning uyiga yetib bordik. Ahmad sohib meni kuzatib, uyiga ketdi. Ramziddinning oila a'zolari bag'rini ochib bizni kutib oldi. Xorijdan kelgan mehmonni ko'rib, butun uy ichi xursand edi.

Ko'ngilni rom etuvchi ba'zi udumlar

Mehmonlar kutiladigan katta xonaga zzat-ikrom bilan meni o'tqizdilar. Men O'zbekiston va Eronda ham shunga guvoh bo'ldim – xonalarda hech qanaqa mebel bo'lmas ekan. Yerga qalin gilam to'shalgan, gir aylana to'rt tarafda lo'la bolishlar. Kelib o'tirishimiz bilan dasturxon solinib, turfa xil meva-cheva,shokolad, qand-qurs va o'zbekcha non tortildi. Ko'k choy bilan ziyofat boshlandi. Ammo bilasizmi, men butkul ko'rmagan, yangi bir holga duch keldimki, u qalbimdan bir umrga joy oldi – o'tirishimiz bilan mendan duo qilishimni so'radilar. Avvaliga tushunmadim, odamlar duoga qo'l ochib turibdi, men ham duo o'qidim. Shundan so'ng kim kelsa, salom-alik qilinganidan keyin menga yaqin kelib o'tirib, duo qilib qo'yishimni so'raydilar. Hamrohim Shohruh "Janob, taomil shunaqa, kim uyga kelsa, uning haqqiga duo qilinadi, agar kelgan odam yoshi katta bo'lsa, undan duo qilishini so'raydilar, yoki hurmati balandrog'i bo'lsa, o'sha odam duo qiladi". Qarang ! Ko'rib, shunday suyundim, biron islomiy yurtda bunaqa yaxshi odatni ko'rmagan edim. Alloh bu yurtni va yurtning odamlarini o'z panohida asrasin.

Biroz u yoq-bu yoqdan gaplashib bo'lib, ozgina dam oldik.Shomdan keyin Ramziddinning amakisi kelib qoldilar, ular kelishi bilan duo o'qilib, dildan gaplashib o'tirdik. Na men u kishini tushunaman, na ular nima deyayotganimni biladi, xudo xayrini bersin Shohruhning, orqamdan soyadek ergashib yurgani uchun ham gaplasha oldik. Men urduda gapiraman, Shohruh o'zbek tiliga tarjima qilib turadi.Keyin u bilan tun payti Buxoroni aylanish bo'yicha reja tuzib oldik. Ramziddinning uyi eski shahardan biroz uzoqda, Buxoroning yangi shahar qismida ekan. Buxoroga yetib borib, shuni angladimki, shahar qanchalar tezlik bilan kengayib yangilanib boryapti. Katta-katta dahalar qurilayotgan ekan. Ammo uylarning ko'rinishi , uslubi zo'r – O'zbekistonning iqtisodiy ahvoli haminqadar deyiladi-ku, ammo odamlarning hayot tarzi va turmushini ko'rib, bunday deyolmaysan kishi. Qanaqasiga shunday bo'lishi mumkin, xudoning o'zi biladi.

Labi hovuzga yetib keldik.Bu yerda qadimiy imoratlar qad ko'targan. Uning to'g'risida madrasa va boshqa binolar bor. Yon atrofida bozor rastalari. Havo yoqimligina, biroz aylandik. Kechasi rosa kech qaytdik. Ramziddinning uyidagilar rosa anvoyi taomlar tayyorlagan ekan. Sahar soat beshda kelinning uyiga borishimiz kerak . Ertalabki oshga. Shuning uchun uyquga yota qoldik.

Erkaklarga osh

O'zbekistonda "Erkaklar uchun osh" rasmi bor. Men shu udumni ko'ray derdim.Bunga ko'ra ko'pincha, kuyov tomon kelinning oila a'zolari, qavmi qarindoshlarini tong sahargi palovga taklif qiladilar. Palov - o'zbeklarning eng suygan, eng yoqtirgan , mashhur taomi. Unga go'shtdan tashqari bedananing qaynagan mayda-mayda tuxumi ham solinadi.   Bu udumning ma'nosi shuki, kelin uzatilishidan bir kun oldin kuyov tomon kelinning uyiga yaqin joyda biron kafe yo to'yxonada   ziyofat uyushtiradilar , qiz tomondagilar o'zining urug'ini chaqiradi. Bu marosimda faqat erkaklar qatnashadi,to'g'ri, kelinning onasidan tashqari yaqin qarindosh ayollar ham keladi, ammo kamchilik …Nega erkaklarga osh deyilishini surishtirib ko'rsam, unga faqat erkaklar kelar ekan, ammo bir-ikki o'zgarishlar ham bo'lyapti, deyishdi.

Kelinning uyi uzoq bo'lgani uchun erta sahar soat yettida yo'lga tushdik.Yetti bo'lguncha yetib bordik. Darvoza oldida ikkita erkak menmonlarni qarshilayotgan edi. Shohruh bilan ikkimizni bir joyga o'tqizdilar. Hamma yoqqa dumaloq stollar qo'yilgan ekan.Atrofida sakkiztadan stul.Biz kelganimizda bor-yo'g'i ikki kishi bor edi, odamlar ketma-ket kela boshladi.Bizning stolimizdagilar oldin duoga qo'l ochdilar. Kim kelsa ham, birinchi salom berar, o'tirishi bilan duoga qo'l ochadi – shunisi juda yoqdi. Shu payt sahnada bir xonanda qo'shig'ini boshladi.Osh tarqatilmasdan oldin kuyov boshqacha libos kiydi. Ko'pchilik ketganidan keyin uydagi ayollar rosa o'yin-kulgi qilishdi va o'tirish tugadi. Men Shohruhdan so'radim : yaxshi, kelinning uyi yaqin ekan, shuning uchun qatnashishdi kelib, xudo asrasin, agar uzoqda, boshqa shaharda tursa-chi, unda nima qilardi? Shohruh "Uzoqda bo'lsa ham, kuyov tomon boradi va marosimni o'tkazib qaytadi",dedi. Shundan keyin kelin uyidan ertasiga ketadi. Mana shu rasm-rusumlardan bir hafta oldin nikoh o'qitiladi. Oshdan keyin xonadon egalari uyga qaytishdi, ammo men G'ijduvondagi hazrat Xoja Abdulxoliq G'ijduvoniy mozorini ziyorat qilishni dilimga tugib qo'ydim. Bu yerga yaqin ekan.

Buxoro –yetti buyuk avliyo shahri

G'ijduvon shahri Buxorodan taxminan 50 km. uzoqda joylashgan. Bu shahar Xojai jahon Xoja Abdulxoliq G'ijduvoniy tufayli butun dunyoga dong'i ketgan.Undan tashqari ularning silsilasiga tegishli yana olti pirning ziyoratgohlari Buxoro muzofotida joylashgan. Shu sababdan bu ko'hna shahar yetti pir, yetti xojagon shahri deb ataladi. Xoja Abdulxoliq G'ijduvoniy hazratlari Movarounnahr avliyolarining sultoni va boshqa nomlar bilan sharaflangan. Ular mashhur tariqat piri, xojagon-naqshbandiya silsilasining asoschisi hisoblanadilar.Ul zot haqida aytiladiki, dunyoga kelishlaridan avval ularning ota-onalariga (Hazrat alayhissalom ul zotning tug'ilishini oldindan bashorat qilgan) aytiladiki, sening xonadoningda bir chiroq yonadi va u butun olamni yoritadi. Shu bashoratda ularning ismlarini Abdulxoliq qo'yilishi aytiladi.Ul zot tug'ilganidan ko'p o'tmay padari buzrukvorlari qazo qiladi. Biroz voyaga yetgach, volidai muhtaramalari ularni zamonasining yetuk allomasi Imom Sadriddindan tafsir ilmini o'rganishga topshiradilar.Onalarining vafotidan so'ng o'sha davrning dongdor shayxi XojaYusuf Hamadoniyga qo'l berganlar, ya'ni bay'at qilganlar. Umr bo'yi Hamadoniy ta'limotini har tomonlama boyitib, amaliyotga zikri xufiyani olib kirdilar. Ul kishining muborak vatani uzoqlargacha dovruq taratdi, shuning uchun odamlar ularga murid tushdilar. Ular hijriy 616 yilda vafot etdilar. Bu zotni ikki dunyo xojasi ham deydilar. Bu avliyoning qadamjosi ziyorat qiluvchilardan bo'shamaydi.O'zbekiston hududidan tashqari Markaziy Osiyoning chekka-chekkasidan odamlar oqib keladi. Ziyoratchilar orasida ayollar ko'proq. Boshqa muqaddas qadamjolarda ham ayollarni ko'p ko'rdim.

Bu yerni aylanib chiqqach, Xoja Anjir Fag'naviy quddisu sirrihu mozoriga yaqinlashdik. Bu maqbara taxminan 20 km. uzoqlikda ekan, undan 10 km. narida hazrat Xoja Orif Revgariy mozoriga bordik. Bugun juma bo'lgani uchun biz hazrat Xoja shayx Bahouddin Naqshbandiy mozoriga borib, o'sha yerda namoz o'qiymiz deb, qaror qildik. Hazrat Xoja shayx Bahouddin Naqshbandiy va ul zotning onalarining qabrlari keng hazira – ansamblda joylashgan bo'lib, katta masjid va xonaqoh barpo etilgan. Uning orqa tomonida eski qabriston boʻ lib, kim bilsin, qancha aziz-avliyolar dafn etilgan.Naqshbandiya tariqatiga ayni mana shu mashhur avliyolar asos solgan . Ularga taalluqli silsila Hindiston va Pokistonda ham mavjud. Butun dunyoda millionlab bu silsilaga e'tiqod qiluvchilar bor.bu haqda muxtasar ma'lumot "Urdu wikipediya"da shunday berilgan :Xojalar xojasi Naqshband Buxoriy (tav.1327 yil noyabr -   vaf.1390   yil 21 fevral) soʻfiy tariqatining asoschisi. Bu tasavvuf tariqati dunyoda eng keng tarqalgan mashhur silsila hisoblanadi. Soʻfiylikda mujaddidiya, xolidiyya va saifiyya tariqatlarining yoʻnalishlari   bor.Ul zotning muborak   ismlari   Muhammad,   padari buzrukvorining ham ismi Muhammad. Tarixiy shahar Buxorodan 3mil. uzoqlikda Qasri Hinduvon (yangicha nomi Qasri Orifon) qishlogʻida hijriy 728 yil dunyoga kelganlar. **Muhammad binni Muhammad Bahouddin Naqshband al-Buxoriy** naqshbandiya tariqatining asoschisi boʻlib ,ular Shohi Naqshband (lugʻaviy ma'nosi – naqsh oʻyuvchi) nomi bilan mashhur boʻlganlar, bu soʻz ilohiy ilmning benazir suratini soluvchi degan ma'noni anglatadi, toʻgʻrirogʻi,qalbiga Alloh nomini naqshlab qo'yuvchi ma'nosida qo'llanadi. Ularga Ash-shoh laqabi berilishidan murod ma'naviy rahbar demakdir. Ul zotning rasuli akram Muhammad payg'ambar avlodlariga mansub sayyidzodalardan ekanligi qayd etilgan. Bolaligidan peshonalariga nuri safo va rahmat hamda valoyat darajasiga yetishish yozilgan edi. Shunday bo'lishi tabiiy edi, axir ul zotning tug'ilishidan oldin u yerdan o'tib ketayotgan Qutbi zamon (jahondagi ikki avliyodan biri)[1] keksa shayx Xoja Muhammad Boboyi Samosiy "menga shu joyda bir diniy rahnamoning xushbo'y isi kelyapti" degan-da. Yana bir gal bu xushbo'y hidning ifori yanada ziyoda bo'lib boryapti, degan edilar. Bahouddin Naqshband dunyoga kelgach, duo olish uchun ul zotning huzuriga olib borilganida yosh Bahouddinni o'ziga o'g'il qilib oladi va har tomonlama uni tarbiyalaydi. Naqshband tariqatining asoschisi boshlang'ich ma'naviy tarbiyani o'zining birinchi piri — ustozi Boboyi Samosiydan olgan. Keyinchalik ular Bahouddin Naqshbandni tarbiyalashni o'rinbosarlaridan bo'lmish Amir Sayyid Kulolga topshiradilar. Bir qarashda tariqat ilmini Amir

---

[1]jahondagi ikki avliyodan biri (tarjimondan)

Sayyid Kuloldan oʻrgangan boʻlsa-da, ammo mashhur tariqat piri, xojagon-naqshbandiya silsilasining asoschisi Xoja Abdulxoliq Gʻijduvoniydan gʻoyibona ruhiy ta'lim olganlar[2]. Chunonchi ul zotning aytishicha, "men qarorimni boy berib, tun kechalar Buxoro koʻchalarida tentirar, mozorlarga gatnar edim. Bir kuni tunda uchta qabrni ziyorat qildim. Oxiri bir qabrga yaqinlashganimda qibla tomonga qaragan devor agʻdarilib ketdi. Ichkarida bir supa ustida bir valiy zot oʻtirgan edi. Alqissa, menga bir odam bu zot Abdulxoliq Gʻijduvoniy rahmatillohi alayh ekanini aytdi. Men ul hazratga ta'zim qildim.Ular salomga alik olaturib, sulukning ibtido va intuhosiga doir koʻrsatmalar berdilar, ya'ni komil suluk nimaligini bildirdilar. Shu joyda ular menga ta'kidlab,

---

[2]Inson koʻnglini, aniqrogʻi, ruhini kamol toptirishning, ehtimolki, bashariyat tarixidagi eng oliy darajasiga yetgan tasavvuf ta'limotining qat'iy qoidasiga koʻra solik, ya'ni soʻfiy, albatta, bir pirning etagini tutib, unga murid tushishi shart. Ammo shunday istisno hollar ham boʻladiki, qay bir soʻfiyni ilgari zamonlar olamdan oʻtib ketgan biror mashhur shayxning ruhi kelib tarbiyalaydi.Bundaylar uvaysiy deyilgan (Sultonmurod Olim.Navoiy asarlarida Xoja Bahouddin Naqshband ta'rifi.,"Jahon adabiyoti", 2013. N3)

muntazamlik bilan shariat yo'lida sobitqadam bo'lishimni va hargiz bu yo'ldan toymaslikni, azimat va sunnatga ixlos qilib, bid'atdan saqlanishimni buyurdilar. Shu bois ul zot umr bo'yi shariat va sunnatga iqtido qildilar. Shariatga ergashish, rasm- rusumlar, odatlarni ko'r-ko'rona ado etishdan nafrat naqshbandiyaning yuksak jihatlari hisoblanadi. Nashbandiylikka Bahouddin Naqshband asos solgan. «Vuqifi zamoniy» (muayyan vaqtda to'xtab, o'zini tekshirish),«vuqufi adadiy» (ishlarini sarhisob qilib tekshirish), «vuqufi qalbiy» (qalb amallari qanday bo'layotganligini to'xtab, tekshirib borish) kabi shiorlar («qudsiy so'zlar») Naqshbandiy tomonidan kiritilgan nazorat usullaridir. Ul zot uvaysiy ham, ya'ni Xoja Abdulxoliq G'ijduvoniy sharofati ila ma'naviy kamolot egasidirlar. Naqshbandiy hazratlari hijriy hisob bilan 791 yil 3 rabi-ul avval dushanba kuni(1390 yil 21 fevralda) 73 yoshlarida ona yurti Qasri Orifonda azamatli ulug' zot huzuriga rixlati boqiy bo'ldilar. Shayx Bahouddin Naqshband mozori ulkan yodgorlik majmuasiga aylantirilgan. Hozirgi kunda majmua ziyorat qilish ob'yekti hisoblanadi.

Ul zot janozamda quyidagi band o'qilsin, deb vasiyat qilgan ekanlar:

مفـلـسا نـیم آمـده در کـو ئے تـو

شیـئـاً لله ازجمـال روئے تـو

(ya'ni: yaratgan egam, men bir qashshoq sening huzuringga shaylanaman,xudoyo, jamolingni ko'rishga meni muvaffaq qil).

(Yuqorida keltirilgan ma'lumotlar quyidagi kitoblardan olindi:

- اردو دائره معارف اسلامیہ جلد ۲۲ صفحہ ٤٣٥ دانشگاه پنجاب لاہور
- البینات شرح مکتوبات ، محمد سعید احمد مجدد ی، جلد اول، صفحہ ۲۸۵ ، تنظیم ال اسلام (پبلیکشنز گوجر انوالہ

Rejalashtirganimizdek, juma namozini shu yerning o'zida o'qidik, shunday haybatli masjidda ham ichkari odam bilan liq to'la edi. Shuning uchun tashqariga to'shalgan qalin gilamlar ustida bir amallab o'qidik.

Biz tomonlarda odamlar farz namozidan keyin sunnatni o'qimay apil-tapil masjiddan tarqaladilar,bu yerda shunga guvoh bo'ldimki, biron kimsa sunnat va nafllarni ado etmay chiqib ketmas ekan.

Namoz o'qib chiqsak, bir-ikki xotin-xalaj uylarida pishirib kelgan somsani namozxonlarga ulashib   (Hindlar bu mashhur pishiriqni o'zbeklardan o'rgangan, menimcha) yurgan ekan. Namoz boshlanmasidan oldin ichkariga kirayotganlar oyoq kiyimini pala-partish yechib kirib ketgan ekan, o'sha yerdagilar kalish-kavushlarni chiroyli qilib, taxlab qo'yishganiga ko'zim tushdi.

" Kavushini to'g'irlab qo'ymoq" iborasi bor urduda. Masalan,ha , kavushini to'g'irlab qo'yishibdiku? deyishadi. Bundan tashqari Hindistonda unashtirish marosimi ham bor. Hay, mayli, shunga o'xshash iboralarni bir emas, bir necha suhbatda kuzatdim. Qaysi xonadonga bormang, qanday yechgan bo'lsangiz oyoq kiyimni, o'shanday qoldirasiz, ketayotib, uni to'g'irlab kiyasiz. O'zbeklar juda menmohga e'tiborli, mayda-chuydasigacha diqqat qiladilar. Mana, biron mehmon kelsa uyga, kimdir albatta oyoq kiyimlarni batartib qilib qo'yadi, toki mehmon ketar chog'i egilib-cho'zilib qiynalmasin.

Yuqorida men sanab o'tgan tabarruk qadamjolarning ziyoratidan keyin ertasiga rejamizga ko'ra to'rt avliyoning maqbaralarini borib ko'rishga yetkazdi xudo. Bular – hazrat Xoja Ali Romitoniy, hazrat Xoja Boboyi Samosiy (ularni Qutbi Zamon deydilar, boisi ul zot ilohiy iste'dodda yuksak maqomni egallaganlar), hazrat Xoja Sayyid Amir Kulol (bu zot hazrat Bahouddin Naqshbandning ustozi bo'lganlar). Ularning mozorlari hazrat Bahouddin Naqshbandning mozoridan chamasi 3-4 km. narida ekan.

Ertasiga tong saharda Buxoro shahrini sayr qilgani chiqdik. Oqshomda to'yga taklif qilinganmiz.Vaqt tig'iz , diqqatga sazovor joylar ko'p, shuning uchun eng asosiylarini ko'ra oldik. Labi hovuz yaqinida mashinani qoldirdik-da, Buxoroning eski shahar qismini ko'rishni boshladik. Asli bu yerda yashayotgan xonadon egalariga hukumat eski uylarini buzib, yangisini qurmaslikka ko'rsatma bergan ekan, aksincha ularga davlat tomonidan bir necha imtiyozlar berilar ekan, shundanmi, uylar juda eski, hammasi xom g'ishtdan qurilgan, qishloqqa kelib qolgandekman, tor-tanqis ko'chalar , ichkari kirib boruvchi yo'llar qanday bo'lsa, shundayligicha qolgan. Hukumatning maqtasa , arziydigan ishini qarang, kim istasa, ko'hna Buxoroning qadimiy qiyofasini ko'rib, o'sha zamonlarda binolar qanday qurilganini o'z ko'zi bilan ko'radi. Shu ko'cha ichida bir avliyoning mozori ham bor edi. Ramziddinning aytishicha, mana shu eski uylar orasida yettinchi asr (h.) da yashab o'tgan katta avliyoni mahalliy aholi biladi, ammo chet elliklarning bu yergacha oyog'i yetmaydi. Men bu avliyoning mozorini albatta ziyorat qilishni tavsiya qilaman. Ularni Banduqshoh (Miltiqshoh) deyishar ekan. Ismi shariflarini eshitib, biroz talmovsiradim, axir ular yashagan paytda hali miltiq bo'lmagan-ku? Qayoqdan bunaqa ism ? Xullas, rosa qidirib, axiri yetdik. Mozorga kiraverishdagi eshikka "Pobandi kusho" deb yozilgan edi. Ana shu yerda jumboq yechildi – bu so'z noto'g'ri aytilib, Banduqshoh bo'lib qolgan. Qabr bir hovli ichida ekan, tashqaridan mozor bor, deb o'ylamaysiz. Uy ham asli holicha qolgan. Aytishlaricha, bu shu ulug' zotning hujrasi bo'lib, ularning vafotidan keyin shu yerning o'ziga dafn qilingan ekan. Hovliga kirdik, oldinda ikki muborak zotning qabri bo'lib, hoynahoy, bular avliyoning muridlari bo'lsa kerak. Ichkariroq kirdik – rostanam bir xona, uning devoriga tutashgan qabrlari, ikkinchi xonaga gilam to'shalgan bo'lib, ziyoratga kelganlar jamoat bo'lib fotihaxonlik qiladi.

U yerdan chiqib, Imom Buxoriy hazratlari hadis ilmidan dars bergan masjidga bordik. Majmuada bir necha masjid, madrasa va peshayvonlar bir-biriga tutashib ketgan. Labi hovuzning yonginasida zardushtiylik davridagi ibodatxona o'z holicha saqlab qolingan. Buni Masjidi Kalon deyishar ekan. Shu mahobatli inshootni ko'rish uchun hovli tomon yurdik. Bu yerdagi eng katta madrasa Mir Arab madrasasi bo'lib, o'ta qadimiydir. Hozirda ham bu madrasa faoliyat yuritadi, talabalar islom dinidan saboq oladi.O'sha paytda ilm toliblari uchun qurilgan hujralar o'z qadimiy ko'rinishini yo'qotmagan.Biz yaqinlashganimizda Qur'on tilovat qilinayotganini eshitdik.

Mir Arab madrasasini Hazramaut tojirlari qurgan.Madrasa yaqinida Imom Buxoriy masjidi joylashgan bo'lib, ular bu darsxonada hadis ilmini o'rgatganlar. Masjid shunday kattaki, 60 ming kishi bemalol sig'adi va namoz o'qiy oladi. Masjidi Kalonga yaqin joyda 148 zina bilan chiqiladigan ulkan minora bor. Odamlarning aytishicha, bu inshoot qurilishining ikki sababi bor, biri – undan muazzin besh vaqt azon chaqirgan, ikkinchidan, shaharning muhofazasi uchun katta ahamiyat kasb etgan. Nazoratdagi qorovullar dabdurustdan qilingan hamla haqida nog'oralar sadosi bilan boshqalarga xabar bergan.Yana minora tun payti karvonlarga yo'l topishda ham asqotgan.Tunda minoraning cho'qqisiga mash'ala yoqib qo'yilgan, karvonlar uning yorug'i bilan manzili maqsudga yo'l olgan. Masjidi Kalondan sal narida Amir Temurning nabirasi Mirzo Ulug'bek qurdirgan madrasa o'z mahobatini ko'z-ko'z qilib turibdi. Uning salobatini ko'rib, o'sha davr me'morlarining san'ati haqida to'liq tasavvurga ega bo'ladi ko'rgan kishi. Shu barcha me'moriy obidalar UNESKO ro'yxatiga kirgan. Masjiddan chiqqach, sal narida gumbazli bozorga ko'zingiz tushadi.

O'sha zamonlarda sotiladigan buyumlarga qarab gumbazlar qurilgan, masalan, ba'zi gumbaz ostidagi do'konlarda pul almashtirilsa, boshqasida kiyim-bosh va turli-tuman ashyolar sotiladigan do'konlar joy olgan. Bugungi kunda ham xuddi o'sha tarzdagi bozorlar mavjud ekan.Biroz narida Buxoro amirining qarorgohi. Amir saroyi qadimda qanday bo'lsa, hali-hanuz shukuhli va ulug'vor. Saroyning to'rt tomonida qad tortgan qal'a devorlari baland, mustahkam, bosh darvozasi bir necha metr ko'kka bo'y cho'zgan. Qal'aning asosiy qismiga uzun qiya yo'ldan kirib boriladi, uning markaziy zalida saroy ahli to'plangan. Zalning o'rtasida amir uchun taxt qurilgan.Uzoqdan baland tepalikda qurilgan masjid ko'rinib turadi. Qal'a uzoqdan xuddi loydan qurilganga o'xshaydi, sadr darvozadan kirayotib, ikki tomonda turmaxonalarga ko'zingiz tushadi, bunda asosan asirlar vaqtincha ushlab turilgan.

To'y marosimlari va ba'zi rasm-rusumlar

Tasodifni qarangki, buxoroliklarning to'yiga borish nasib qilib, shu bahonada bu xalqning turish-turmushini yaqindan kuzatish imkoni tug'ildi. Rasm-rusum, urf-odat bobida bid'atga berilmas ekanlar, va na ortiqcha sarf-xarajatga yo'l qo'yilmas ekan. Masalan, bizdagi kabi qizga deb qiynalib bisot yig'ilsa, bu yaramas illat bu yerda yo'q ekan. Ko'pchilikdan so'rab-surishtirdim, ular bunday bo'lmag'ur odat bu yerda yo'qligini aytdi. Ammo ijtimoiy holat va zamon o'zgarib borayotganidanmi, sovg'a-salom berish urfga kiribdi.

Tongda erkaklarga beriladigan oshga taklif qilingan edim. Xuddi o'sha kuni shom payti kuyov navkar bilan kelinnikiga ketdik.Endi mehmondorchilik kelin tomondan ekan. Taxminan soat beshlarda biz ham kelinning uyiga yetib bordik. Buni bizning tilda "Barat" desa bo'ladi. Kuyovning do'stlari bor-yo'g'i o'n-o'n beshta edi. Kuyov navkar kelinning uyiga yaqinlashganida ajoyib manzarani ko'rdim – kuyov ikki-uchta oshnasi bilan ikkita mash'alani ushlab olgan. Ikkita katta tayoqning uchiga simlar bilan yasalgan yurakka lattami, paxtami o'ralgan. Unga kerosin yoki benzin quyishdi, u o't olgan zahoti childirma chalinib, g'at-g'ut boshlanib, yigitlar kuyovni o'rab oldilar , zo'r berib, o'zbek tilida nimalardir deb baqira ketishdi, men ommaviy namoyish boshlandimi, deb qoldim. Bu nimani bildiradi, deb so'rasam, bu bilan kelinning oilasidagilarga kuyov yaxshi odam, u uyingizga tinchlik-xotirjamlik keltiryapti, demoqchimiz, dedilar. Bir-ikki qadam yurib, kelinning uyi darvozasiga yaqinlashdik, oldindan qurigan shox-shabbalar uyib qo'yilgan ekan, menimcha, gulxan yoqish uchun , hoynahoy. Kuyovning oshna-og'aynilari qo'lidagi mash'ala bilan unga o't yoqdi. Kuyov uch marta gulxan atrofida aylandi, shu orada kelinning uyidan xotin-xalaj chiqib, o'yinga tushancha, kuyovga peshvoz chiqdilar va ichkariga olib kirdilar. Birozdan keyin hamma kelganlar katta mehmonxonaga o'tdi. Kuyovga alohida joy qilingan ekan, ammo unga o'tirishga ruxsat berilmadi – (uyning ichkarisida qilinadigan bir urf-odat bor ekan, shundan keyingina ruxsat bor ekan). Mehmondorchilik juda oshib-toshib ketmagan, dasturxon oddiygina bezatilgan edi. Keyin kuyovni ichkariga chaqirdilar. Hindiston, Pokiston tomonlarda "darvozani yopish" rasmi bor, bu ham shunga o'xshash edi, ammo buni ko'rib, rosa suyundim – kuyov ichkariga qadam qo'yishi bilan kelinni yuzida qizil yoping'ich bilan uning qarshisiga keltirishdi-da, ko'zgu berib, ko'rsatishdi (Hindistonda bu odat "arsi mus'haf" deb ataladi). Keyin yoshi ulug' ro'molli bir ayol duo qilishni boshladi. Muhammad Mustafo sallollohi alayhi vasallam va ul zotning ahli baytlariga anchagacha salavot aytib turdi. Shundan keyin kuyovimiz kelib oramizga qo'shildi.Ikki soatcha mehmon bo'lgach, qaytishga hozirlik boshlandi, kelinni olmay, orqaga qaytdik. Bu yerdagi odatga ko'ra ertasiga sahar payti kelinni olib ketishar ekan.

Bu marosimda kuyov tomondan kelganlarning hammasi uning qavmi-qarindoshlari edi, kelinning ham faqat yaqinlari yig'ilgan ekan, shuning uchun ham tumonat odam kelmadi. Men xorijlik bo'lganim, Hindistonning nufuzli universiteti professori bo'lganim uchun (buni hamma bilgan edi) meni izzat-ikrom bilan kutib olib, ko'proq yoshi ulug' keksalar yonimga kelib, men bilan ko'rishdilar. Ular nimadir dedi, men javoban nimalardir dedim, na ular meni tushundi, na men ularning gapini. Ammo mehr-muhabbatni biron izohsiz tushunish mumkin. Ha, bir qiziq voqea bo'ldi, ular mening musulmonligimni eshitib, hayratga tushardilar. Mendan siz musulmonmisiz, deya qayta-qayta so'raydilar. Duo qiishimni iltimos qiladilar. Ularga musulmon ekanimni bildirish uchun atayin baland ovozda Qur'ondan oyatlar va durudi salavot aytdim. Ko'pchilik musulmon ekanimni bilib, hang-mang bo'lar, go'yo Hindistonda musulmon zoti yo'qdek. Bu hol faqat Buxoroda emas, Toshkentda ham takrorlandi, odamlar mening musulmon ekaninmni eshitib, suyunib ketardi.

Taomilga ko'ra ertasiga bomdod namozidan keyin kelinni olib kelish uchun borilar ekan, ammo men qattiq charchaganim uchun kechasiyoq uzrimni aytdim.Kuyovning uyidagilari hammasi men uxlayotganim uchun darvozaga qulf osib, ketibdilar. Men uyg'onganimda hamma rasm-rusumlar o'tib bo'lgan edi.Qizning qaynotanikiga kelganida bo'ladigan rasm-rusumlarni Shohruhdan so'rab oldim, uning aytishicha, kelin ham olov atrofida uch marta aylanar ekan. Shu menga g'alati tuyuldi. Men bir necha professorlardan so'rab-surishtirdim, bu – zardushtiylik ta'limotiga aloqador ekani ma'lum bo'ldi, ya'ni bu odat kishilik jamiyatiga xos bo'lib, uning dinga hech qanday aloqasi yo'q. Ba'zi xalqlar o'z ma'naviy qadriyatlarini qanchalar hurmar qiladilar! Men Misrga borganimda u yerlik xalqning fir'avn davridagi madaniyat bilan faxrlanishini ko'rib, hayron qoldim, ammo keyin ma'lum bo'lishicha, barcha fir'avnlar birdek emas, ulardan ba'zilari vahdoniyatga – Allohning birligiga ishongan va ular Misrning madaniy-ma'rifiy taraqqiyotida katta rol ado etgan. Shu bois ular fir'avnlar davriga xos qadriyatlarga hurmat ko'zi bilan qaraydilar. Balki bu yerda ham o'ziga xos milliy jihat bo'lishi mumkin.

O'zbekistonda hamma taksi haydaydimi?

Bu yerda bir zo'r narsaga guvoh bo'ldim. Menga rosa yoqdi, koshki Hindistonda ham shunaqa bo'lsa. Bu haqda bir o'zbek tanishim aytib qoldi —

"janob, bu yerda hamma taksi haydovchisi". O'sha paytda men bu gapni tushunmay, hayron bo'lgan edim, ammo bir-ikki kun ichida o'zim shunga shohid bo'ldim. Menga ma'qul keldi.To'g'risi, bu yerda shaxsiy taksiga ega bo'lish joriy qilinmagan. Kimning mashinasi bo'lsa, yo'l-yo'lakay kimni bo'lsa ham mindirib ketaveradi. Buning uchun haqqini ham oladi. Bular – davlat xodimi ham, o'qituvchi, oddiy tadbirkor , har xil odamlar. Shuning orqasidan haydovchi benzin pulini ham chiqarib oladi, yana yoniga ham bir-ikki so'm qolsa kerak, hoynahoy. Bu ishning aybi yo'q bu yerda. Shunisi qiziqki, taksi to'xtatuvchi ham turfa xil odam bo'lishi mumkin, zamonaviy kiyingan yosh qiz bo'lishi mumkin.Lekin shu kungacha biron haydovchi tegajog'lik qilgani yoki jinoyat ro'y bergani haqida shikoyat tushmagan. Asli O'zbekistonda jinoyat juda kam sodir bo'ladi, ayniqsa, qiz-juvonlar borasida jinoyat ishi deyarli yo'q hisobida.Boz ustiga, bu yerning odamlari sodda, to'g'riso'z, nimani o'ylasa, shuni gapiradi.Hazillashib biron narsa desangiz, shunga ham ishonadi.Yolg'onni kam ishlatadilar.

O'zbeklarning bir-ikki yaxshi odatlarini gapirib o'tay - kim qabriston yaqinidan o'tib ketayotgan bo'lsa, qo'lini ochib, o'tganlarni duo qiladi. Yana ko'p yaxshi xislatlari borki, ayni shundan   bu   yurt   tinchlik-xotirjamlikda yashayapti.Statistika   ma'lumotlariga   ko'ra O'zbekiston baxtli mamlakatlar ichida 44-o'rinni egallaydi. Rostanam men bu yurtning odamlarini xotirjam va shodu xurram yurganini ko'rdim.

Yana bir narsa meni hayron qoldirdi – ko'plarning og'zi to'la tilla tish. Menimcha, bu yer odamlarining   tishi   baquvvat   emas,   tish qo'ydirsalar, tilla qo'ydiradilar, shu bois tilla tishlilar yurti desam, adashmayman-ov!

Havas guruhi

Shom payti. Nikoh bazmi shaharning bir to'yxonasida bo'lishi kerak edi. Bazmga "Havas" guruhi taklif qilingan edi. Bu oilaviy ansambl bo'lib, uning a'zolari – ota, aka va opa-singillar hammasi qo'shiqchi. Oila boshlig'i Rustam aka farzandlarini doimo qo'llab-quvvatlaydi. Bu guruh "Havas"   nomi   bilan   mashhur,   ko'pchilikka tanilgan. Ular urdu-hindiyni tushunmasa-da, hind qo'shiqlarini   qoyilmaqom   qilib   ijro   etadilar. So'zlarini va ohangini eshitsangiz, tasanno deysiz. Chiroyli tasodifni qarangki, men va "Havas" guruhi bitta mehmonxonaga joylashibmiz. Bu guruhni Hindistonda ham biladilar.Mening ham xabarim bor edi. Tasodifan uchrashib qolib, bir joyda turganimizdan suyunib ketdim. Rustam sohib va ularning katta o'g'li inglizchani biladi – muloqotga oson kirishdik. Men ulardan qanday qilib hindcha qo'shiqlarni kuylaysiz?deb so'rasam, hozirjavoblik bilan "musiqa til nimaligini bilmaydi" deb javob qaytardilar. Men "hind tillarini bilmay turib, qanday qilib qo'shiq aytishga havas hosil bo'ldi? " deb katta o'g'ildan so'radim. Shunda u ukasiga ishora qilib, dedi: bu ukam "Dunyo oq va qora tanliniki emas, yuragi borlarniki" degan qo'shiqni eshitib , yoqtirib qoldi. Shu-shu uyimizda hindcha qo'shiqlarni eshitib-aytib yuradigan bo'ldik.Alloh hammamizga yaxshi ovoz bergan, maktabda o'qigan paytlarimizda ham o'zbekcha qo'shiqlarni kuylab yurardik.Bir kuni hindchani ham aytdik. Tomoshabinlarga rosa yoqdi. Otamiz bizga dalda bo'ldilar, odamlarga manzur bo'ldi, shunday qilib, qo'shiqlarimiz atrofga tarala boshladi. Ko'pchilikka ma'qul tushganimiz bizni ruhlantirdi va bugun O'zbekistonning taniqli ashula ansambliga aylandik".U qo'shib qo'ydi: "Markaziy

Osiyoning koʻplab yurtlariga safar qilganimizda odamlar bizdan hindcha qoʻshiq aytib berishni soʻraydi, toʻgʻrisini aytsam, Oʻzbekistonda koʻpchilikka "koʻnglim mening sargardon" qoʻshigʻi juda yoqadi, odamlar oʻtirishlarda, davralarda shuni kuylashimizni soʻraydi".

"Havas" guruhini Hindistonning katta-katta konsert dasturlariga taklif qilishgan.Bir necha hukumat idoralari va tashkilotlar tomonidan bu guruh diplom va yorliqlar bilan taqdirlanganini bilaman.

Soat 7 boʻlishidan biroz avvalroq toʻyxonaga yetib bordik. Asta-sekin mehmonlar kirib kela boshladi. Kelganlar uncha koʻp emas. Zal juda tartib bilan bezatilgan, har tomonga dumaloq stollar qoʻyilgan, atrofida sakkiztadan stul. Dasturxon turfa xil taomlar, noz-neʼmatlarga toʻla. Zalning toʻrida kelin-kuyovga deb joy ajratilgan, uning naq qarshisida ansambl qoʻshiq aytishi uchun sahna qilingan. Sanʼatkorlar kelin-kuyov kelmasidan burun kuy-qoʻshiqni boshlab yuborgan edi. Soat 7 boʻlishi bilan zalga kuy sadolari ostida kelin-kuyov kirib keldi. Ularga toʻy egalari peshvoz chiqdilar. Ichkari kirgach, kelin har 2-3 qadamda kelganlarga salom beradi. Shu tariqa uning to'rga yetib kelgunicha yarim soat o'tdi. O'z joylariga yetib kelib ham kelin tinmay mehmonlarga egilib-egilib salom beradi. Menga xuddi qo'g'irchoq kalit bilan burab qo'yilganu, u to'xtovsiz salom berayotgandek tuyuldi. G'alati – odamlar o'tiribdi, ammo kelin zalvorli ko'ylak kiyib, bu azobga chidayapti, shunisi menga yoqmadi. Men kuyovning ukasiga bir necha bor "endi joyiga o'tirsinlar" desam, u "rasmi shunday" deb aytadi. Bu hol taxminan 2 soat davom etdi. Shu orada yana bir taomilga o'tildi – kelin-kuyovning otalari qo'lida mikrofon tutib,sahnaga chiqdi va ularga baxt tilab, tabrikladi. Undan so'ng onalarga so'z berildi, kelinning onasi ancha tortinib turdi, hech narsa demadi, ammo kuyovning onasi uzoq gapirdi, davradagilar tinmay ofarin derdi.Hech narsani tushunmadim, ammo uning gapirishidan ancha to'lqinlanib ketganini sezdim. Undan keyin yaqin qarindoshlarga so'z berildi, meni ham tabrik aytishga chaqirib qolishdi.Men o'zim va hindistonliklar nomidan ularni tabrikladim, Shohruh esa o'zbek tiliga tarjima qilib turdi. To'y avjiga chiqyapti, birozdan keyin "Havas" guruhi hindcha qo'shig'ini boshlagan

edi, o'tirganlar gurillab ketdi, erkak-ayol –
hammasi o'yinga tushib ketsa deng. Shuni
bildimki, bu yerda raqsga tushish ommalashgan
ekan, to'y-tomoshalarda raqsga tushishar ekan,
ammo odob bilan. Shu narsani men Qohirada ham
ko'rgan edim.

Men soat 9 dagi poyezd bilan Toshkentga
qaytib ketishim kerak edi, shuning uchun sakkiz
yarimda oila a'zolarining ruxsati bilan turdik,
ammo ular hech qo'yib yuborgisi yo'q, sababi –
to'y davom etayotgan edi. Xullas, ularning duoyu
salomlari bilan Buxoro temiryo'l stansiyasiga yetib
oldik. Bu unutilmas daqiqalar uchun men
muhtarama Lola sohiba, Aziziddin , Ramziddin,
ularning ota-onalari, opa-singillari va amakilariga
chin dildan rahmat deyman.

Toshkentga qaytish

Tun bo'yi yo'l yurib, 5 may kuni tong
saharda Toshkentga kirib keldik. Yakshanba – dam
olish kuni. Universitet talaba yigit-qizlari qayta-
qayta meni Toshkentdan chiqavershdagi qir-
adirlarga sayrga taklif qilishgan edi.Dushanbadan
ramazon oyi boshlanadi, shuning uchun bugun eng
yaxshi imkoniyat.Ro'za tutib, toqqa chiqish

qiyin.Binobarin Samandarga qaytib kelganimni aytib qo'ydim.U do'stlari bilan gaplashib, Toshkentdan 70 km. uzoqlikda joylashgan tog'li joy – Beldersoyga borishga qaror qilishdi.Bu tog'li hududga ko'pchilik toshkentliklar ta'til kunlarida sayilga chiqadi.O'ziga to'q xonadonlarning ko'pchiligi dala hovli ham qurgan. Dehlidan dr. Axloq Ahan ham yetib kelgan va u ham men turgan mehmonxonada yashayotgan edi. Nonushta chog'ida u bilan ko'rishganimda sayilga borishimni aytdim. Samandar va Dilorom bizga bosh bo'ldilar. 1-1,5 soatlik yo'lni bosib, yam-yashil vodiyga yetib keldik. Past tushib, baland chiqqan qirlarning go'zalligiga so'z ojiz.Yonginadan oqib o'tayotgan Chirchiq daryosi vodiy husniga husn qo'shadi.Bir necha soat hordiq chiqarib, shom payti orqaga qaytdik.

Ertasiga ro'zaning birinchi kuni edi. Auditoriyaga darsga kirdim – talaba yigit-qizlar bari ro'za tutganini ko'rib, dildan quvondim. Garchi talabalarning hayot tarzi, kiyim-boshi ovrupocha bo'lsa-da, ammo ularning dillari iymon nuri ila munavvar. Alloh bu yurtga, uning jamiki bandalariga ikki dunyo saodatini, farovonligini bersin.

Ertasiga universitetdagi aziz talabalarimiz xayrlashuv kechasini iftor qilib tashkil qildilar. Bu 1-kurs talabalari edi. Ular mening 11 may kuni qaytib ketishishimni bilar edilar. Ular iftorni kattaroq qilib o'tkazmoqchi edi, ammo har kuni iftorga borganim bois juda band edim, birgina shu kun imkonim bor edi. Talabalar tushlikdanoq zudlik bilan tayyorgarlikni boshlab yubordilar.Iftor shaharning mashhur restorani "Al-Hilol" da ekan.Bolalarning menga nisbatan mehr-muhabbatidan quvonchimning cheki yo'q. Ularning bilim olishga bo'lgan ishtiyoqi tahsinga loyiq. Barchasi ro'zador, qalbi iymon ila muzayyan. Alloh bu bolalarni ikki dunyoda muvaffaqiyatga erishtirsin (Amiyn).

8 may kuni universitetda tadbir tashkil qilindi. Avvalo, bu mening ketishim munosabati bilan tashkil qilingan bo'lsa, ikkinchidan, dr. Muhayyo bilan hammualliflikda yozilgan " Urdu she'riyati" kitobining taqdimoti ko'zda tutilgan edi. Toshkent Davlat Sharqshunoslik Universiteti o'qituvchilariga xayrlashuv kechasi uchun chin

dildan rahmat deyman. Bu menga bildirilgan hurmat-e'tibordir. Kafedra mudiri prof. Ulfat sohiba va har bir tadbirni sidqidildan tashkil qiladigan Lola Murtazoxodjaevaga katta rahmatimni aytaman. Kafedraning jamiki o'qituvchilaridan minnatdorman. Kaminaga sertifikat va tashakkurnoma topshirildi. Tadbirning e'zozli mehmoni La'l Bahodir Shastri nomli Hindiston Madaniyat Markazi direktori professor Chandr Shekhar ham mavjud edilar.Universitet xorijiy aloqalar prorektori Nodir Abdullayev majlisga raislik qildilar.Zalda talaba yigit-qizlar jamul-jam edi.

Bu tadbir haqida Hindiston ro'znomalarida maqola chop etilib, quyidagilar yoritilgan edi:

Toshkentda prof. Xoja Ikromiddin qalamiga mansub kitob taqdimoti

O'zbekistonda Toshkent Davlat Sharqshunoslik Universitetida professor Xoja Ikromiddin va dr. Muhayyo Abdurahmonova hamkorligida yozilgan "Urdu she'riyati" kitob taqdimoti bo'lib o'tdi. Xoja Ikromiddin shu kunlarda Toshkentda muqimdir. Mazkur universitet ko'rsatmasiga binoan yozilgan ushbu kitob o'zbek talabalari uchun mo'ljallangan bo'lib, o'quv dasturiga kiritilgan. Tadbirda universitet professor-o'qituvchilari jamul-jam bo'lib, La'l Bahodur Shastri nomli Hindiston Madaniyat Markazi direktori prof. Chandr Shekhar tadbirning e'zozli mehmoni bo'ldi. Ilmiy ishlar prorektori Nodir Abdullayev majlisga raislik qildi. Kafedra mudiri prof. Ulfat Muhibova kirish so'zida mehmonlarni qizg'in qutladi va prof. Xoja Ikromiddinning xizmatlarini e'tirof eta turib, talabalarni o'qitish jarayonida qo'llagan yangi ta'lim usullari tufayli talabalar qiziqishi keskin ortdi. Boz ustiga ularning urdu talabalari uchun yozgan kitobi hech unutilmas voqea hisoblanadi, deb ta'kidladi. Shundan so'ng professor Chandr Shekhar Hindiston va O'zbekiston o'rtasidagi adabiy aloqalar haqida batafsil nutq so'zladi. Prorektor N.Abdullaev kafedraning ko'p yillik tarixi haqida so'zlayotib, hindistonlik professor Xoja Muhammad Ikromiddinning beg'araz xizmati uchun minnatdorlik bildirdi va tashakkurnoma topshirdi.

Shu munosabat bilan professor Xoja Muhammad Ikromiddin javoban minnatdorlik bildira turib, bu dargohga tashrif buyurib, kafedra o'qituvchi va talabalari bilan uchrashish baxtiga sazovor bo'lganini aytdi   va til o'qitayotgan ustozlar sidqidildan mehnat qilayotgani va shu bois bor-yo'g'i 5-6 oy ichida talabalar urdu-hindiyda bemalol, qiynalmay gapira olayotganini e'tirof etdi. Xoja Ikrom janoblari kafedra mudiri Ulfar sohiba va kafedraning boshqa a'zolariga safar chog'idagi yordami uchun tashakkur bildirdi.

La'l Bahodur Shastri nomli Hindiston Madaniyat Markazida ma'ruza

O'sha kunning o'zida direktor prof. Chandr Shekhar tomonidan La'l Bahodur Shastri nomli Hindiston Madaniyat Markazida "Hindiston va O'zbekiston o'rtasidagi madaniy aloqalar" mavzusida ma'ruza o'qishim tashkil qilindi. Tadbirda ma'ruzadan avval o'zbek qizlari hindcha raqsga tushdilar, hindcha qo'shiqlar yangradi.Keyin Bayot sohib so'zga chiqdi.Nihoyat menga so'z berildi.O'tirganlar hammasi o'zbek bo'lgani bois ma'ruzam o'zbek tiliga o'girildi.Bir soatcha davom etgan tadbirda ko'plar bilan ko'risdim, shu yerning o'zida prof. Chandr Shekharning uyiga iftorga borishga kelishib oldik.

Professor Chandr Shekharning uyida iftor ziyofatida

Professor Chandr Shekhar yashaydigan hovli shu qadar kattaki, bir necha oila bemalol birga yashasa bo'ladi.U zot anchagacha iftorni qanday o'tkazishni o'ylab qoldi.Ammo taomlarning ko'pini ular o'z qo'llari bilan tayyorladilar, ba'zilarini pishirishni Lola sohiba o'z bo'yniga oldi. Bu yerga kelib, tushunmay ham qoldim : mezbon kim? Mehmonchi ? Mehmon kim ?Boisi ayollar oshxonani zabt etib olgan edi. Ta'kidlab aytaman - bu ziyofatga kafedraning jamiki a'zolari kelgan edi. Taniqli urdushunos olim Toshmirza janoblari ham taklif qilingan edi.Ular bilan uchrashishga eng yaxshi imkoniyat shu edi.

O'zbekistonning tinchlik shahri Toshkentda urdushunoslikka tamal toshini qo'yganlardan biri Toshmirza Xolmirzayevning nomi alohida e'tiborga molik. Ular 60-yillarda ikki do'sti bilan urdu tilidan tahsil olish maqsadida Hindistonning Dehli Universitetiga kelgan birinchi talabalar bo'lgan. O'sha zamonlarda Xoja Ahmad Faruqiy Dehli Universitetida kafedra mudiri bo'lib ishlar edi. U yerdan qaytgach, urdu uning hayot-mamotiga aylandi. Urdu tilining rivojiga qo'shgan hissasi beqiyos bo'lib, Toshmirza sohib kabi yana bir necha urdushunoslar ham borki, ularning mehnati tufayli O'zbekistonda urdushunoslar soni ortib boryapti. Bu haqda tez orada maqola yozish niyatim bor, inshaalloh, toki urdu dunyosi qilingan sa'y-harakatlar haqida kerakli ma'lumotga ega bo'lsin. Bugungi kecha men uchun tarixiy kun bo'lib qoladi. Yoshi ulug' bo'lishiga qaramay, juda xushchaqchaq va hayotdan zavq oladigan inson ekan. Sof urduda shunday gapiradiki, tinmay eshitaversang. Gaplari hazil-mutoyibaga to'la.Albatta, juda kam birga o'tirish nasib etdi, ammo shu uch soat umr bo'yi yodimdan chiqmaydi.Yaratgan egam ul zotni hamisha hifzu himoyasida saqlasin.Shu kungi uchrashuvda Dadaxon Nuriy bilan ham ko'rishishga muyassar bo'ldim.Fayz Ahmad Fayz Toshkentga kelganida ularnikiga mehmon bo'lib borgan ekan.Fayz she'riyati, uning ijodiga doir fikrlari juda ahamiyatli.Sababi Fayz sohibning Toshkentda o'tkazgan kunlari hali ham ochilmagan sirligicha qolyapti. Dadaxon Nuriy hindcha diltortar qo'shiqlardan urdu-hindiyni o'rgangan bo'lib, keyinchalik Qamar Rayis sohib tufayli uning urdusi yaxshilanib borganini aytdi. Hozirgacha bir necha kitoblari chop qilinibdi.

Iftorga yana bir qator taniqli kishilar tashrif buyurgan edi. Shuning uchun ham professor Chandr Shekhar janoblaridan juda minnatdormanki, iftor bahonasida ko'zga ko'ringan mutaxassislar bilan suhbatda bo'lishga erishdim.

11 may kuni tonggi soat 11 dagi reys bilan qaytishim kerak edi. Mehmonxonadan soat yettidayoq chiqdik. Urdu o'rganayotgan talabalardan biri Jamshid mashinasida meni Toshkent aeroportiga yetkazib qo'ydi. Yukim juda ko'p edi, holbuki 20 kg olib o'tishga ruxsat berilgan. Aeroportda urdu bo'limining bitiruvchisi Zulfiya sohiba ishlar ekan, uning yordami bilan mushkilim oson bo'ldi. Aslida birinchi marta shunday g'alati voqeaning shohidi bo'ldimki, Dehli aeroportida passajirlar samolyotga kirish paytida pilotning o'zi passajirlarning qo'lidagi yukini tekshirib, 7 kilogrammdan oshmasligini

ta'kidlayotgan edi. Shu sababli parvoz kechikayotgan edi. Menda esa 10 kilogrammdan ortiq yuk - hammasi kitob edi. Shukur, o'sha paytda uning nazari menga tushmadi. Endi Toshkentdan ketayotib ham ortiqcha yukim ko'p , xayriyat , Zulfiya sohibaning sharofati ila hamma chig'iriqlardan osonlik bilan o'tib oldim. Dehli aeroportidagi anavi hangoma ro'y bermadi.

11 may kuni o'n besh kunlik safardan so'ng bir umr yodimdan chiqmaydigan yoqimli taassurotlar og'ushida Dehliga qaytib keldim.

www.ingramcontent.com/pod-product-compliance
Lightning Source LLC
Chambersburg PA
CBHW070610220526
45467CB00003B/1363